电力营销

风险防范措施

国网山东省电力公司 组编

中国电力出版社
CHINA ELECTRIC POWER PRESS

内 容 提 要

为帮助营销各类现场作业人员学习、理解与掌握各类现场可能存在的风险点与应当采取的防范措施，国网山东省电力公司组织专家编写形成本书。

本书分为六章，包括业扩现场、分布式光伏并网现场、电能计量现场、用电检查现场、智能用电现场、抄表现场风险防范措施，采取图文结合方式，全面分析营销现场作业存在的危险点，有针对性地提出防范措施，方便现场作业人员对照执行。

本书可供电力企业营销人员使用，也可供相关人员参考。

图书在版编目（CIP）数据

电力营销风险防范措施 / 国网山东省电力公司组编. —北京：中国电力出版社，2018.8
（2020.5 重印）
　ISBN 978-7-5198-2347-4

　Ⅰ. ①电…　Ⅱ. ①国… 　Ⅲ. ①电力工业–市场营销学–风险管理　Ⅳ. ①F407.615

　中国版本图书馆 CIP 数据核字（2018）第 194739 号

出版发行：中国电力出版社
地　　址：北京市东城区北京站西街 19 号（邮政编码 100005）
网　　址：http://www.cepp.sgcc.com.cn
责任编辑：罗　艳（yan-luo@sgcc.com.cn，010-63412315）
责任校对：朱丽芳
装帧设计：张俊霞
责任印制：石　雷

印　　刷：北京博海升彩色印刷有限公司
版　　次：2018 年 8 月第一版
印　　次：2020 年 5 月北京第三次印刷
开　　本：710 毫米×1000 毫米　16 开本
印　　张：6.5
字　　数：107 千字
印　　数：4001—6000 册
定　　价：48.00 元

李向奎	李元付	宋增祥	张宏涛	慕　晓
林　涛	王　景	范建军	许吉凯	田晓磊
代佰华	王贻亮	姜吉平	亓　勇	宫池玉
陈伟斌	梁雅洁	徐新光	郭红霞	荆　臻
杨　剑	王　莉	王运全	夏卓明	刘勇超
刘宏国	孟　巍	陈云龙	郑立群	毕晓凤
李腾昌	杨干廷	姜　鹏	黄　嵩	曹　彤
王兆军	李　霖	王毓琦	赵　斌	张东宁
李军田	程婷婷	田　晓	张春秋	黄光政
韩为民	邱志鹏	杨　阳	翟兴丽	姜思卓
王　强	朱　蕾	孙春艳	杨绪银	胡　洋
常　建	苏万武	郑伟书	于　磊	卜令伟
石维民	张大勇	杜　珂	王智勇	梁海东
焉　华	张善刚	张益豪	李　静	孙海彬
解　磊	胡永朋	杜自刚	李　刚	王春宝
齐　艳	谢炳志	李志民	杨宏伟	周文鹏
张永超	孙亚忠	宋　亮	丁宪勤	赵　滕
成小彬	刘　勇	曲秀勇	刘淑娟	孙逢麟
汤　耀	李爱国	张祥坤	石文秀	孔令稷
郭英民	屈国栋	张建军	宫志寰	王艳冲
冯晨星	刘晓升	彭　静	郝　强	陈敬娟
王　锋	田立坤	刘　旭	李兆明	王　刚
赵宏伟	李延波	赵新贞	马新勇	王俊清
张国星	刘立阳			

前言

现场作业风险点辨识与采取防范措施是落实"安全第一、预防为主、综合治理"方针，保证工作人员现场作业安全的重要手段。长期以来，国家电网有限公司高度重视安全生产工作，坚持目标导向和问题导向，采取强有力的措施，切实加强当前生产作业现场人身安全管控，坚决防范人身事故，确保电网安全生产平稳局面。

为帮助营销各类现场作业人员学习、理解与掌握各类现场可能存在的风险点与应当采取的防范措施，国网山东省电力公司组织专家编写形成本书。本书结合营销作业现场实际，按照业扩现场、分布式光伏并网现场、电能计量现场、用电检查现场、智能用电现场、抄表现场等六类现场，采取图文结合方式，全面分析营销现场作业存在的危险点，有针对性地提出防范措施，方便现场作业人员对照执行。

本书可作为广大电力企业营销人员从事现场作业时的辅助工具和参考资料，希望营销一线人员能通过本书进一步提升现场安全作业水平。

由于编者的业务水平及工作经验所限，书中难免有疏漏或不妥之处，敬请广大读者提出宝贵意见。

编　者

2018 年 7 月

目 录

1 业扩现场风险防范措施

1.1 受理和资质审查

1. 风险点

（1）政府规定限制的用电项目，未经政府主管部门批准，或审批手续不全、批复程序不合法，而供电企业为其送电。

（2）客户提供的工商注册、税务、个人身份证明、法人代表文件等相关资料与用电申请主体不一致或不完整。

（3）客户提交的资质与实际不符，未严格按照相关要求审核设计、施工资质，致后续环节存在安全隐患。

2. 防范措施

（1）严格按照国家产业政策和规定，审核用电工程的项目批准文件。

（2）对于客户项目的批准文件没有按照规定提交的，供电企业有权拒绝受理其用电申请。

（3）正式送电前，高危客户须具备政府安全主管部门的安全验收许可。

（4）严格按照《供电营业规则》和《国家电网公司业扩报装管理规则》的要求审核客户提交的申请资料。

（5）严格按照《国家电网公司业扩报装管理规则》要求，收集并严格审查客户提交的设计和施工资质。

居民新装、增容业务需提供的资料见图 1-1，低压非居民新装、增容业务需提供的资料见图1-2，高压新装、增容业务需提供的资料见图1-3。

居民新装、增容（山东）

山东省电力公司						
申请资料		收费标准	业务表单及合同名称	承诺时限	办理流程	注意事项
居民新装需提供资料	居民增容需提供资料						

| 国网现推行"一证受理"，如客户申请时仅能提供用电主体资格证明（以下（1）所列材料具有一项即可），在签署"居民用电承诺书"并明确需补充资料后，正式受理用电申请，其余材料现场补充完。
【注意】不提供居民客户三相用电。
（1）客户有效身份证原件（如无法提供身份证时：可提供人证、护照、户口簿或者公安机关出具的户籍证明等材料）
（2）房产证原件（如无法提供房产证：可提供街道办事处、村委会等有权出证部门、付费会等有权出证部门的其他房屋所有权证明）
（3）如其客户本人，需同时提供代办人身份证原件；若客户本人在5人及以上入网用电需要具备的，还需提供入网用电申请书、并提供户口簿原件
（2）如电动汽车充电设施用电，具体详见《电动汽车充电设施用电报装需见调应客（山东）》中"四、电动汽车充电设施用电报装所需资料"。 | 同居民新装 | 表计、表箱、采集设备及以上部分全部供电公司投资，不收取客户电网工程投资及入口引起改造费用，客户新接续（户内电力线由客户自行解决，户外电力线由供电公司解决，客户费用，不进行代购。 | 居民用电申请书；用电申请；供电合同。 | 具备直接接表条件的2个工作日；用电配套工程的10个工作日（对有特殊需求的客户另行确定的时间装表接电）。 | 新装（增容）：业务受理→勘查派工→勘查确定方案（→工程进度查询）→装表接电→客户空间信息查询→归档 | （1）本业务实行"一证受理"，如客户申请时仅能提供用电主体资格证明，应根据"全证受理"资料清单，请客户在用电告诉书中明确需补充资料。
（2）除非受理部门，村委会等有权出证部门及用户的用电的证明材料外，其他有证件应提供原件，由受理人员负责无误复审后存档。
（3）已有客户资料或资质证件复审一致，则无需重新提供。
（4）"一证受理"时，客户未提交资料在现场勘查时开始收费，可据报验审收票成。
（5）提供居民电客户电申电竣接服务，在受理申请时，将客户信息录入营销业务系统，打印收电告诉书及用电登记表，由客户核实开签字确认。
（6）供电公司不受理含其客户的子户整地申请新装用电，需告知其用户按原则办理。
（7）根据省住建厅第13部门发文件要求：供电公司不再新增居民合表用户，新建已严格执行新建住宅小区供配电设施配费政策，不应著费提供服务范围的新建小区应照相关建设标准进行供配电建设，经供电公司验收后，无偿移交用户产权，实施别户管理。 |

图 1-1 居民新装、增容业务需提供的资料

低压非居民新装、增容（山东）

知识来源：
适用单位：供电服务中心
发布时间：2016-07-13 17:01:30

山东省电力公司						
申请资料		收费标准	业务表单及合同名称	承诺时限	办理流程	注意事项
低压非居民新装需提供资料	低压非居民增容需提供资料						

| 国网现推行一证受理，如客户申请时仅能提供非居民客户用电主体资格证明（以下资料（2）具有一项即可）或请自然人有效身份证明（以下资料（1）具有其一即可），在签署"非居民用电承诺书"并明确需补充资料后，正式受理用电申请，其余材料现场临查补齐。
（1）户主或法人身份证原件（如无法提供身份证：可提供户籍、护照等原件）
（2）营业执照原件或组织机构代码证原件或税务登记证原件
（3）客户报装申请书原件
（4）低压非居民用电记录
（5）房产证原件（如无法提供房产证：可提供街道办事处、村委会等有权出证部门的其他房屋所有权证明）
（6）若有代办的需同时提供代办人身份证原件和授权委托书原件
（7）如电动汽车充电设施用电，具体详见《电动汽车充电设施用电报装需见调应客（山东）》中"四、电动汽车充电设施用电报装所需资料"。 | 同低压非居民新装 | （1）表计、表箱、采集设备全部由供电部门全部供电，不收取客户费用，从规划新到客户产权的进户装置由供电部门自备。
（2）申请路径及以上回路供电，供电容量超过客户费用，除供电侧容量外，其他可靠性供电，临时供电费用，具体详见《高可靠性供电费用、临时接电费（山东）》
（3）申请临时用电客户收取临时用电费用，具体详见《高可靠性供电费用、临时接电费（山东）》。 | （1）非居民用电申请书
（2）低压非居民用电登记表
（3）供用电合同 | 供电方案答复期限：
对客户不超过2个工作日；
低压非居民用电登记表。 | 新装：
业务受理→勘查确定方案→装表（备表）（业务收费）（→工程进度查询）（设计文件审核→工程进度查询→竣工验收→送电→签订合同→确定方案→归档。
增容：
业务受理→勘查确定方案（业务收费）（设计文件审核→竣工验收）→签订合同→信息录入→资料归档 | （1）本业务实行一证受理，如客户申请时仅能提供用电主体资格证明，应根据"全证受理"资料清单，请客户在用电告诉书中明确需补充资料。
（2）除受理部门及委会等有权出证部门具的用电的证明材料外，授权委托书留，其他有证件应提供原件，由受理人员负责无误审核后存档。
（3）证件复印件及低压非居民用电登记表加盖单位公章。
（4）已有客户资料或资质证件复审一致，则无需重新提供。
（5）一证受理时，客户未提交资料在现场勘查时开始收费，竣工资料缺前收费竣审。
（6）供电公司不受理含其客户的子户单独申请新装用电，需告知其用户的管理审办，具体规定如果的关联用电。咨询，如客户强加要求可按照相关业务规范实施落实。 |

图 1-2 低压非居民新装、增容业务需提供的资料

高压新装、增容（山东）

知识来源：
适用单位：供电服务中心
发布时间：2017-07-12 11:31:03

山东省电力公司						
申请资料		收费标准	业务表单及合同名称	承诺时限	办理流程	注意事项
高压新装需提供资料	高压增容需提供资料						

| 国网现推行"一证受理"，如客户申请时仅能提供非居民客户用电主体资格证明（以下资料（2）具有其一即可）或请自然人有效身份证明（以下资料（1）具有其一即可），在签署"非居民用电承诺书"并明确需补充资料后，正式受理用电申请，其余材料现场临查补齐。
（1）户主或法人身份证原件（如无法提供身份证时：可提供户籍、护照等原件）
（2）营业执照原件
（3）客户报装申请书原件
（4）高压用电记录
（5）房产证原件或组织机构代码证原件或税务登记证原件
（6）高低压重要客户需提供用电性质安全性相关电源（包括自备发电机）相关资料、保安负荷、应急电源
（7）若电源接入，还需要提交用电安全证原件，非城市区供电部门的，安全生产许可证原件，政府主管部门批准文件原件。
（8）若代办的即时提供代办人身份证原件和授权委托书原件
（9）如电动汽车充电设施用电，具体详见《电动汽车充电设施用电报装需见调应客（山东）》中"四、电动汽车充电设施用电报装所需资料"。 | 同高压新装 | （1）产权分界点以客户与公共电网间变为准，高压客户接入公共电网用公共电网变压器，涉及公共电网设备的费用，其他由客户自备。
（2）申请线路及以上回路供电（含备用电源、保安电源），除供电容量外其他可靠性供电费用，具体详见《高可靠性供电费用、临时接电费（山东）》。
（3）申请临时用电客户收取临时用电费用，具体详见《高可靠性供电费用、临时接电费（山东）》。 | （1）非居民用电申请书
（2）高压客户用电登记表
（3）供用电合同 | 供电方案答复期限：单相高压用电不超过15个工作日（双相高压客户不超过30个工作日）；装表接电期限：竣工验收合格且办理手续后5个工作日内装表送电。 | 新装：
业务受理→现场勘查→业务审核→签订合同（业务费用收取）（设计文件审核→工程进度查询）→签订合同→竣工验收→竣工→送电→信息归档→资料归档
增容：
业务受理→现场勘查→业务审核→签订合同（业务费用收取）（设计文件审核→工程进度查询）→签订合同→竣工验收→送电信息归档→资料归档 | （1）本业务实行"一证受理"，如客户申请时仅能提供用电主体资格证明，应根据"全证受理"资料清单，应具由有权出证部门出具的用电的证明材料，授权委托书需留存原件外，其他有证件应提供原件，由受理人员负责无误审核后存档。
（2）证件复印件及用电登记表加盖单位公章。
（3）已有客户资料或资质证件复审一致，则无需重新提供。
（4）"一证受理"时，客户未交资料在现场勘查时开始收费，竣工资料缺前收费竣审。
（5）客户申请增加的具有可能影响电压质量或影响供电质量或正常运行，应自备应急电源或提交电能质量测试治理技术方案和相关测试报告。 |

图 1-3 高压新装、增容业务需提供的资料

1.2　业扩现场勘察

1.　风险点

（1）现场勘查工作，无计划进行。

（2）现场勘查工作，无票（单）作业。

（3）现场勘查工作，未召开开工会，未执行工作监护制度。

（4）现场勘查工作，未落实安全技术措施。

（5）现场勘察工作，误碰带电设备造成人身伤亡。

（6）误入运行设备区域、客户生产危险区域。

（7）查看带电设备时，安全措施不到位，安全距离无法保证。

（8）现场通道照明不足，基建工地易发生高空落物，碰伤、扎伤、摔伤等意外情况。

2.　防范措施

（1）加强作业计划编制和刚性执行，减少和避免重复、临时工作。在营销业务系统填写工作票或现场作业安全控制卡，明确工作时间。

现场作业安全管控平台如图 1-4 所示。

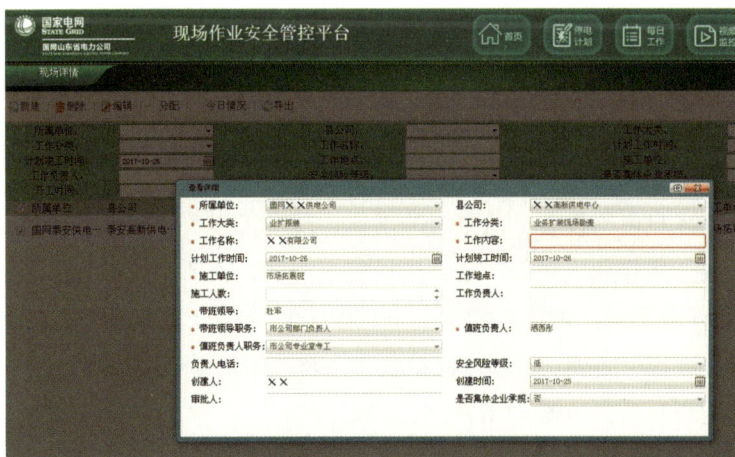

图 1-4　现场作业安全管控平台

（2）现场工作，必须使用工作票或工作任务单（作业卡），并明确公司现场工作负责人和应采取的安全措施，严禁无票（单）作业。客户电气工作票实行由公司签发人和客户方签发人共同签发的"双签发"管理。在高压客户的主要电气设施上从事相关工作，实行公司、客户"双许可"制度。将填写工作票或现场作业安全控制卡环节纳入营销业务系统，作为现场作业前"串行"环节，系统内填写，电子签发、许可，系统直接打印，工作人员携带至作业现场，履行客户方签发、许可和现场工作流程。现场工作完成后，在系统内完成工作票回填，办理工作终结，同时将票（单）扫描件上传系统（见图1-5）。

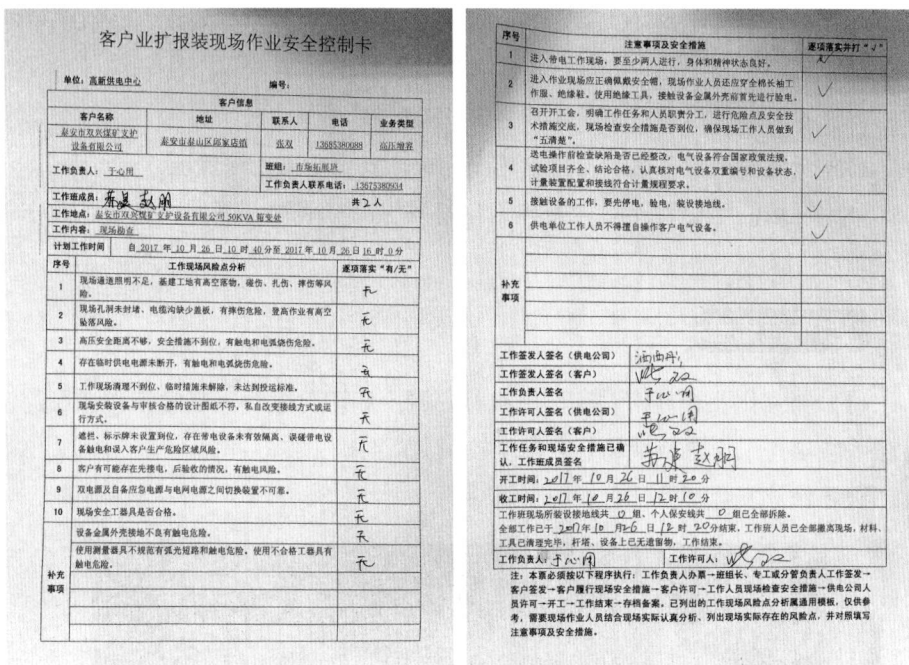

图1-5 客户业扩报装现场作业安全控制卡

（3）在客户电气设备上从事相关工作，现场工作负责人或专责监护人在作业前必须向全体作业人员统一进行现场安全交底，使所有作业人员做到"四清楚"（作业任务清楚，危险点清楚，作业程序清楚，安全措施清楚），并签字确认。在作业过程中必须认真履行监护职责，及时纠正不安全行为。

现场勘查开工会如图1-6所示。

（4）在客户电气设备上从事相关工作，必须落实保证现场作业安全的技术措施。由客户方按工作票内容实施现场安全技术措施后，现场工作负责人与客户许可人共同检查并签字确认（见图1-7）。现场作业班组要根据工作内容配备齐全验电器（笔）、接地线（短路线）等安全工器具并确保正确使用。

图1-6 现场勘查开工会

图1-7 双许可

（5）进入带电设备区现场勘查工作至少两人共同进行，实行现场监护。勘查人员应掌握带电设备的位置，与带电设备保持足够安全距离，注意不要误碰、误动、误登运行设备。

现场勘查如图1-8所示。

图1-8　现场勘查

（6）工作班成员应在客户电气工作人员的带领下进入工作现场，并在规定的工作范围内工作，做到对现场危险点、安全措施等情况清楚了解。

（7）进入带电设备区设专人监护，严格监督带电设备与周围设备及工作人员的安全距离是否足够，不得操作客户设备。对客户设备状态不明时，均应视为运行设备。

（8）进入客户设备运行区域，必须穿工作服、戴安全帽，携带必要照明器材。需攀登杆塔或梯子时，要落实防坠落措施，并在有效的监护下进行。不得在高空落物区通行或逗留（见图1-9）。

图1-9　进入客户设备运行区域

1.3　供电方案拟订与执行

1. 风险点

（1）供电方案制订中存在缺陷和安全隐患。

（2）擅自变更供电方案。

2. 防范措施

（1）提高业扩勘查质量，严格审核客户用电需求、负荷特性、负荷重要性、生产特性、用电设备类型等，掌握客户用电规划；严格执行《供电营业规则》《国家电网公司业扩供电方案编制导则》《关于加强重要电力客户供电电源及自备应急电源配置监督管理的意见》等规定；要建立供电方案审查的相关制度，规范供电方案的审查工作。

（2）供电方案出现变更。因客户原因造成变更的，应书面通知客户重新办理用电申请；因电网原因造成变更的，应与客户协商、重新确定供电方案后并书面答复客户。

1.4　重要客户受电工程设计审查

1. 风险点

（1）客户提供的受电工程设计资料和其他相关资料不全。

（2）设计审核人员审核错漏造成客户工程存在安全隐患。

（3）设计不符合规范要求，存在装置性安全隐患。

（4）电气设备防误操作措施缺失或不完整。

2. 防范措施

（1）严格审核客户受电工程设计文件和有关资料的完整性、准确性。受电工程设计审查原则如图 1-10 所示。

（2）建立设计资料审核的相关制度，规范设计资料审核工作的内容。

（3）严格按照国家、行业电气设计规范（标准），审查客户设计资料，杜绝装置性隐患。专业会审如图 1-11 所示。

附件3：重要客户工程设计审查、中间检查原则

1. 客户可自主选择具备相应资质的设计单位，按照供电方案要求开展工程设计。重要电力客户需提交以下资料并办理设计审查申请：
1）设计审查申请表；
2）设计单位资质等级证书复印件；
3）设计图纸及说明（设计单位盖章）。
2. 设计审查重点：
1）主要电气设备技术参数、主接线方式、运行方式、线缆规格应满足供电方案要求；通信、继电保护及自动化装置设置应符合有关规程；电能计量和用电信息采集装置的配置应符合《电能计量装置技术管理规程》（DL/T448—2000）、国家电网公司智能电能表以及用电信息采集系统相关技术标准。
2）对重要电力客户：供电电源配置、自备应急电源及非电性质保安措施等，应满足有关规程、规定的要求。
3）对特殊负荷（高次谐波、冲击性负荷、波动负荷、非对称性负荷等）客户：电能质量治理装置及预留空间、电能质量监测装置，应满足有关规程、规定要求。
3. 中间检查重点：涉及电网安全的隐蔽工程施工工艺、计量相关设备选型等项目。

重点客户受电工程设计审查需提供的设计资料目录

序号	资料名称	备注
1	设计审查申请表	
2	设计单位资质等级证书复印件	
3	设计图纸及说明（设计单位盖章）	

图 1-10　受电工程设计审查

图 1-11　专业会审

（4）客户电气主设备应具有完善的"五防"联锁功能，有效防止误操作，并配置带电或故障指示器。配电装置有倒送电源时，应装设有带电显示功能的强制闭锁。

1.5 重要客户中间检查

1. 风险点

（1）中间检查工作，无计划进行。

（2）中间检查工作，无票（单）作业。

（3）中间检查工作，未召开开工会，未执行工作监护制度。

（4）中间检查工作，未落实安全技术措施。

（5）误碰带电设备触电；误入运行设备区域触电、客户生产危险区域。

（6）现场通道照明不足，基建工地易发生高空落物、碰伤、扎伤、摔伤等意外。

（7）现场安装设备与审核合格的设计图纸不符，私自改变接线方式或运行方式。

2. 防范措施

（1）加强作业计划编制和刚性执行，减少和避免重复、临时工作。在营销业务系统填写工作票或现场作业安全控制卡，明确工作时间。

（2）现场工作，必须使用工作票或工作任务单（作业卡），并明确公司现场工作负责人和应采取的安全措施，严禁无票（单）作业。客户电气工作票实行由公司签发人和客户方签发人共同签发的"双签发"管理。在高压客户的主要电气设施上从事相关工作，实行公司、客户"双许可"制度。将填写工作票或现场作业安全控制卡环节纳入营销业务系统，作为现场作业前"串行"环节，系统内填写，电子签发、许可，系统直接打印，工作人员携带至作业现场，履行客户方签发、许可和现场工作流程。现场工作完成后，在系统内完成工作票回填，办理工作终结，同时将票（单）扫描件上传系统。

现场作业安全管控平台如图 1－12 所示。现场作业安全控制卡如图 1－13所示。

（3）在客户电气设备上从事相关工作，现场工作负责人或专责监护人在作业前必须向全体作业人员统一进行现场安全交底（见图 1－14），使所有作业人员做到"四清楚"，并签字确认。在作业过程中必须认真履行监护职责，及时纠正不安全行为。

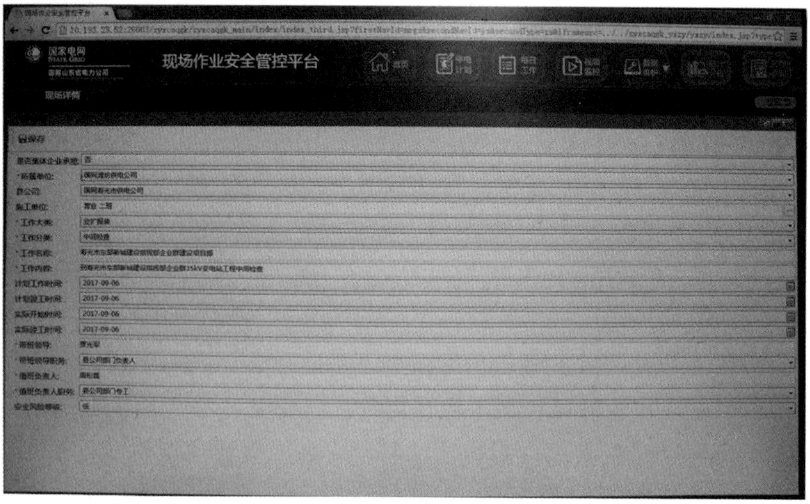

图 1－12　现场作业安全管控平台

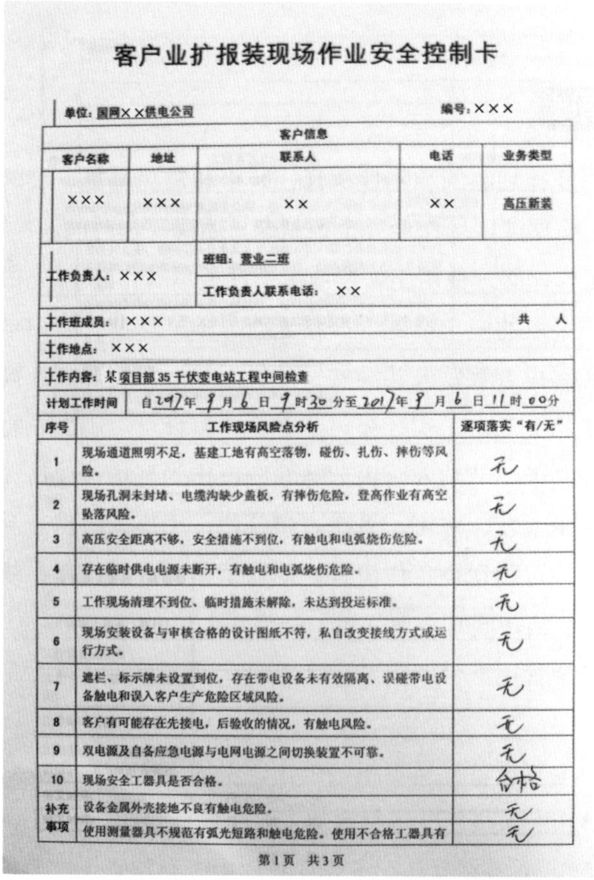

客户业扩报装现场作业安全控制卡

单位：国网××供电公司　　编号：×××

客户信息				
客户名称	地址	联系人	电话	业务类型
×××	×××	××	××	高压新装
工作负责人：×××	班组：营业二班 工作负责人联系电话：××			
工作班成员：×××				共　人
工作地点：×××				
工作内容：某项目部35千伏变电站工程中间检查				
计划工作时间	自2017年9月6日9时30分至2017年9月6日11时00分			

序号	工作现场风险点分析	逐项落实“有/无”
1	现场通道照明不足，基建工地有高空落物，碰伤、扎伤、摔伤等风险。	无
2	现场孔洞未封堵、电缆沟缺少盖板，有摔伤危险，登高作业有高空坠落风险。	无
3	高压安全距离不够，安全措施不到位，有触电和电弧烧伤危险。	无
4	存在临时供电电源未断开，有触电和电弧烧伤危险。	无
5	工作现场清理不到位、临时措施未解除，未达到投运标准。	无
6	现场安装设备与审核合格的设计图纸不符，私自改变接线方式或运行方式。	无
7	遮栏、标示牌未设置到位，存在带电设备未有效隔离、误碰带电设备触电和误入客户生产危险区域风险。	无
8	客户有可能存在先接电，后验收的情况，有触电风险。	无
9	双电源及自备应急电源与电网电源之间切换装置不可靠。	无
10	现场安全工器具是否合格。	合格
补充事项	设备金属外壳接地不良有触电危险。	无
	使用测量器具不规范有弧光短路和触电危险。使用不合格工器具有	无

第1页　共3页

图 1－13　现场作业安全控制卡

图 1-14　现场安全交底

（4）在客户电气设备上从事相关工作，必须落实保证现场作业安全的技术措施。由客户方按工作票内容实施现场安全技术措施后，现场工作负责人与客户许可人共同检查并签字确认（见图 1-15）。现场作业班组要根据工作内容配备齐全验电器（笔）、接地线（短路线）等安全工器具并确保正确使用。

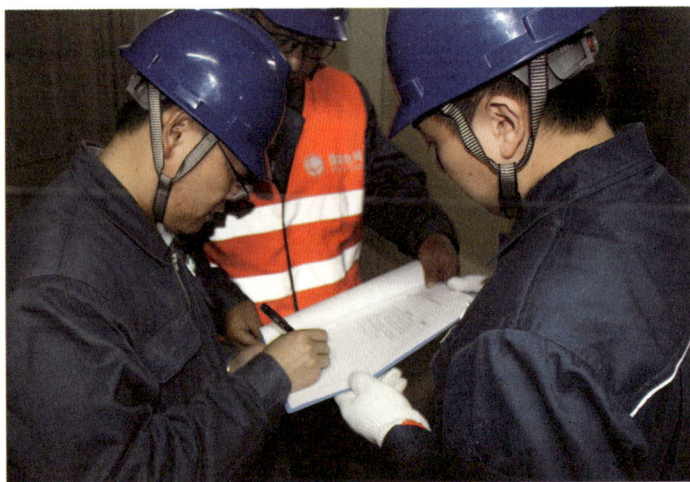

图 1-15　双签发、双许可

（5）中间检查工作至少两人共同进行（见图 1-16）。要求客户方或施工方进行现场安全交底，做好相关安全技术措施，确认工作范围内的设备已停电、安全措施符合现场工作需要，明确设备带电与不带电部位、施工电源供电区域，不得随意触碰、操作现场设备，防止触电伤害。

图 1-16　不单人工作

（6）进入客户设备运行区域，必须穿工作服、戴安全帽，携带必要照明器材。需攀登杆塔或梯子时，要落实防坠落措施，并在有效的监护下进行。不得在高空落物区通行或逗留。

（7）客户工程中间检查的重点包括检查隐蔽工程质量，有无装置性违章问题，是否与审核合格的设计图纸相符，有无对电网安全影响的隐患。检查合格后才能进行后续工程施工。中间检查时发现的隐患，及时出具书面整改意见，督导客户落实整改措施，形成闭环管理。

1.6　竣工检验

1. 风险点

（1）竣工检验工作，无计划进行。

（2）竣工检验工作，无票（单）作业。

（3）竣工检验工作，未召开开工会，未执行工作监护制度。

（4）竣工检验工作，未落实安全技术措施。

（5）误碰带电设备触电；误入运行设备区域触电、客户生产危险区域。

（6）客户竣工报验资料和手续不全。

（7）多专业、多班组工作协调配合不到位出现组织措施、技术措施缺失或不完整。

（8）客户工程未竣工检验或检验不合格即送电。

（9）现场安装设备与审核合格的设计图纸不符，私自改变接线方式或运行方式。

（10）现场通道照明不足，基建工地易发生高空落物，碰伤、扎伤、摔伤等意外。

2. 防范措施

（1）加强作业计划编制和刚性执行，减少和避免重复、临时工作。在营销业务系统中填写工作票或现场作业安全控制卡，明确工作时间。

（2）现场工作，必须使用工作票或工作任务单（作业卡），并明确公司现场工作负责人和应采取的安全措施，严禁无票（单）作业。客户电气工作票实行由公司签发人和客户方签发人共同签发的"双签发"管理。在高压客户的主要电气设施上从事相关工作，实行公司、客户"双许可"制度。将填写工作票或现场作业安全控制卡环节纳入营销业务系统，作为现场作业前"串行"环节，系统内填写，电子签发、许可，系统直接打印，工作人员携带至作业现场，履行客户方签发、许可和现场工作流程。现场工作完成后，在系统内完成工作票回填，办理工作终结，同时将票（单）扫描件上传系统。

（3）在客户电气设备上从事相关工作，现场工作负责人或专责监护人在作业前必须向全体作业人员统一进行现场安全交底，使所有作业人员做到"四清楚"，并签字确认。在作业过程中必须认真履行监护职责，及时纠正不安全行为。

现场开工会如图 1-17 所示。

图 1-17　现场开工会

（4）在客户电气设备上从事相关工作，必须落实保证现场作业安全的技术措施。由客户方按工作票内容实施现场安全技术措施后，现场工作负责人与客户许可人共同检查并签字确认。双签发双许可如图1-18所示。现场作业班组要根据工作内容配备齐全验电器（笔）、接地线（短路线）等安全工器具并确保正确使用。

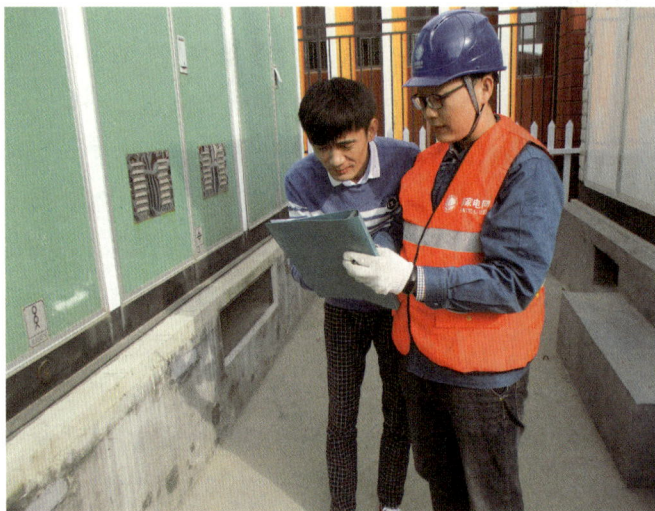

图1-18　双签发双许可

（5）竣工检验工作至少两人共同进行。要求客户方或施工方进行现场安全交底，做好相关安全技术措施，确认工作范围内的设备已停电、安全措施符合现场工作需要，明确设备带电与不带电部位、施工电源供电区域，竣工检验中工作人员不得擅自操作客户设备，确需操作的，也必须由客户专业人员进行（见图1-19）。

（6）严把报验资料关，报验资料不完整、施工单位资质不符合要求等情况，不安排竣工检验。

（7）涉及多专业、多班组参与的项目，由竣工检验现场负责人牵头（客服中心），由各相关专业技术人员参加，成立检验小组。现场负责人对工作现场进行统一安全交底，明确职责，各专业负责落实相关安全措施和责任。现场负责人应做好现场协调工作。工作必须由客户方或施工方熟悉环境和电气设备的人员配合进行。不得操作客户设备，如图1-20所示。

（8）对未经检验或检验不合格已经接电的客户受电工程，必须立即采取停电措施，严肃处理有关责任人和责任单位，按照公司统一的业扩报装程序重新办理业扩报装竣工报验手续。

图 1-19　安全交底

图 1-20　不得操作客户设备

（9）严格按照电气装置安装工程设计、施工和验收标准与规范进行检验，竣工检验时发现的隐患，及时出具书面整改意见，督导客户落实整改措施，形成闭环管理。复验合格后，方可安排投运工作。

（10）在竣工检验工作中，必须穿工作服、戴安全帽、携带照明器材。需攀登杆塔或梯子时，要落实防坠落措施，并在有效的监护下进行。不得在高空落物区通行或逗留。

1.7 客户设备投运

1. 风险点

（1）客户设备投运，无计划进行。

（2）客户设备投运，无票（单）作业。

（3）客户设备投运，未召开开工会，未执行工作监护制度。

（4）客户设备投运，未落实安全技术措施。

（5）多单位工作协调配合不到位，缺乏统一组织。

（6）投运手续不完整，客户工程未竣工检验或检验不合格即送电。

（7）工作现场清理不到位、临时措施未解除，未达到投运标准。

（8）双电源及自备应急电源与电网电源之间切换装置不可靠。

2. 防范措施

（1）加强作业计划编制和刚性执行，减少和避免重复、临时工作。在营销业务系统填写工作票或现场作业安全控制卡（见图 1－21），明确工作时间。

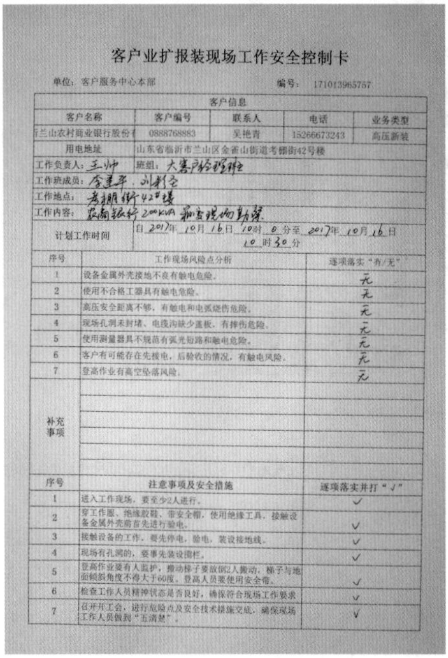

客户业扩报装现场工作安全控制卡

单位：客户服务中心本部　　编号：171013965757

客户信息				
客户名称	客户编号	联系人	电话	业务类型
兰山农村商业银行股份	0888768883	吴艳青	15266673243	高压新装
用电地址	山东省临沂市兰山区金雀山街道考棚街42号楼			
工作负责人：王帅	班组：大客户经理班			
工作班成员：				
工作地点：考棚街42#楼				
工作内容：农商银行200kVA				
计划工作时间	自2017年10月16日10时0分至2017年10月16日10时30分			

序号	工作现场风险点分析	逐项落实“有/无”
1	设备金属外壳接地不良有触电危险。	无
2	使用不合格工器具有触电危险。	无
3	高压安全距离不够，有触电和电弧烧伤危险。	无
4	现场孔洞未封堵、电缆沟缺少盖板，有摔伤危险。	无
5	使用测量器具不规范有弧光短路和触电危险。	无
6	客户有可能存在先接电，后验收的情况，有触电风险。	无
7	登高作业有高空坠落风险。	无
补充事项		
序号	注意事项及安全措施	逐项落实并打“√”
1	进入工作现场，要至少2人进行。	√
2	穿工作服、绝缘胶鞋、带安全帽，使用绝缘工具，接触设备金属外壳前首先进行验电。	√
3	接触设备的工作，要先停电，验电，装设接地线。	√
4	现场有孔洞的，要事先装设围栏。	√
5	登高作业要有人监护，搬动梯子要放倒2人搬动，梯子与地面倾斜角度不得大于60度，登高人员要使用安全带。	√
6	检查工作人员精神状态是否良好，确保符合现场工作要求	√
7	召开开工会，进行危险点及安全技术措施交底，确保现场工作人员做到“五清楚”。	√

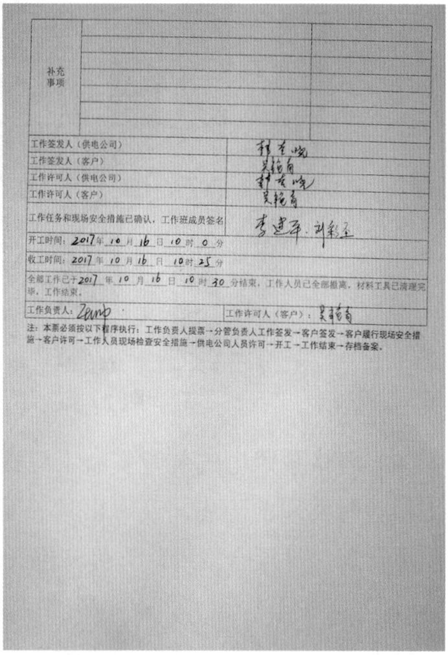

补充事项	
工作签发人（供电公司）	
工作签发人（客户）	
工作许可人（供电公司）	
工作许可人（客户）	
工作任务和现场安全措施已确认，工作班成员签名	
开工时间：2017年10月16日10时0分	
收工时间：2017年10月16日10时25分	
全部工作已于2017年10月16日10时30分结束，工作人员已全部撤离，材料工具已清理完毕，工作结束。	
工作负责人：	工作许可人（客户）：

注：本票必须按以下程序执行：工作负责人提票→分管负责人工作签发→客户签发→客户履行现场安全措施→客户许可→工作人员现场检查安全措施→供电公司人员许可→开工→工作结束→存档备案。

图 1－21　现场工作安全控制卡

（2）现场工作，必须使用工作票或工作任务单（作业卡），并明确公司现场工作负责人和应采取的安全措施，严禁无票（单）作业。客户电气工作票实行由公司签发人和客户方签发人共同签发的"双签发"管理。在高压客户的主要电气设施上从事相关工作，实行公司、客户"双许可"制度。将填写工作票或现场作业安全控制卡环节纳入营销业务系统，作为现场作业前"串行"环节，系统内填写，电子签发、许可，系统直接打印，工作人员携带至作业现场，履行客户方签发、许可和现场工作流程。现场工作完成后，在系统内完成工作票回填，办理工作终结，同时将票（单）扫描件上传系统。

（3）在客户电气设备上从事相关工作，现场工作负责人或专责监护人在作业前必须向全体作业人员统一进行现场安全交底，使所有作业人员做到"四清楚"，并签字确认。召开现场开工会如图1-22所示。在作业过程中必须认真履行监护职责，及时纠正不安全行为。

图1-22 现场开工会

（4）在客户电气设备上从事相关工作，必须落实保证现场作业安全的技术措施。由客户方按工作票内容实施现场安全技术措施后，现场工作负责人与客户许可人共同检查并签字确认。现场作业班组要根据工作内容配备齐全验电器（笔）、接地线（短路线）等安全工器具并确保正确使用。

（5）35kV及以上业扩工程，应成立启动委员会，制订启动方案并按规定执行。35kV以下双电源、配有自备应急电源和客户设备部分运行的项目，应制订切实可行的投运启动方案。所有高压受电工程接电前，必须明确投运现场负责人，由现场负责人（客服中心）组织各相关专业技术人员参加，成立投运工作小组。由现场负责人组织开展安全交底和安全检查，明确职责，各专业分别落实相关安全措施并向负责人确认设备具备投运条件。

某公司项目验收及送电方案示例如图1-23所示。

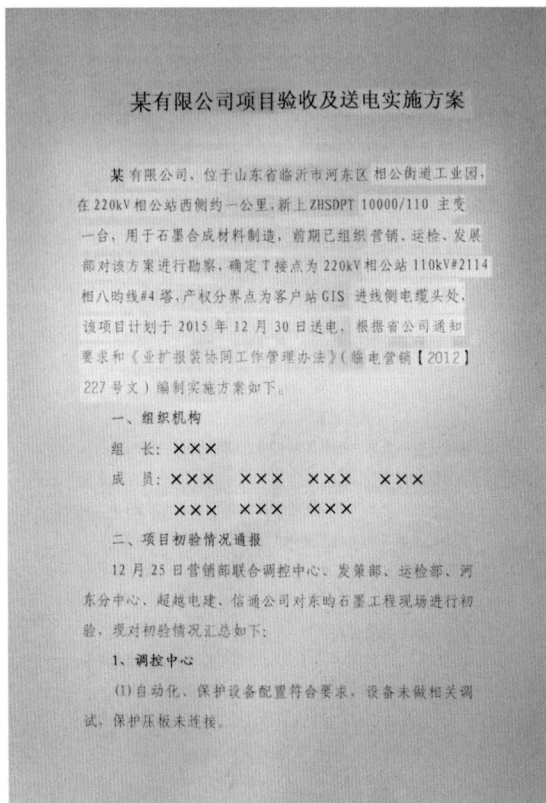

图1-23　送电方案

（6）投运手续不完整的，必须补齐手续；对未经检验或检验不合格已经接电的客户受电工程，必须立即采取停电措施，严肃处理有关责任人和责任单位，按照公司统一的业扩报装程序重新办理业扩报装竣工报验手续。

（7）投运工作必须有客户方或施工方熟悉环境和电气设备且具备相应资质人员配合进行。投运前，客户方电气负责人应认真检查设备状况，有无遗漏临时措施，确保现场清理到位，并向现场负责人汇报并签字确认。

（8）客户自备应急电源与电网电源之间必须正确装设切换装置和可靠的联锁装置，确保在任何情况下，不并网的自备应急电源均无法向电网倒送电。

2 分布式光伏并网现场风险防范措施

2.1 受理和资质审查

1. 风险点

（1）项目业主提供的工商注册、税务、个人身份证明、法人代表文件等相关资料与申请主体不一致或不完整。

（2）项目业主提供的土地证明或房屋使用证明与实际不符或不完整。

（3）项目业主提交的资质与实际不符，未严格按照相关要求审核设计、施工资质，致后续环节存在安全隐患。

2. 防范措施

（1）严格按照《供电营业规则》和《国家电网公司分布式电源并网服务管理规则》（见图2-1）的要求审核项目业主提交的申请资料。

规章制度编号：国网（营销/4）386-2014

国家电网公司分布式电源并网服务管理规则

第一章 总 则

第一条 为促进分布式电源快速发展，规范分布式电源并网服务工作，提高分布式电源并网服务水平，践行国家电网公司（以下简称"公司"）"四个服务"宗旨及"欢迎、支持、服务"要求，按照公司《关于做好分布式电源并网服务工作的意见（修订版）》、《关于促进分布式电源并网管理工作的意见（修订版）》（国家电网办〔2013〕1781号）要求制定本规则。

第二条 按照"四个统一"、"便捷高效"和"一口对外"的基本原则，由公司统一管理模式、统一技术标准、统一工作流程、统一服务规则；进一步整合服务资源，压缩管理层级，精简并网环节，并行业务环节，推广典型设计，开辟"绿色通道"，加快分布式电源并网速度；由营销部门牵头负责分布式电源并网服务相关工作，向分布式电源业主提供"一口对外"优质服务。

第三条 本管理规则所称分布式电源是指在用户所在场地或附近建设安装，运行方式以用户侧自发自用为主、多余电量

-1-

图2-1 《国家电网公司分布式电源并网服务管理规则》

（2）严格按照《国家电网公司分布式电源并网服务管理规则》的要求审核项目业主提交的土地证明或房屋使用证明等资料。

（3）严格按照《国家电网公司分布式电源并网服务管理规则》要求，收集并严格审查项目业主提交的设计和施工资质。

2.2 分布式光伏并网现场勘查

1. 风险点

（1）现场勘查工作，无计划进行。

（2）现场勘查工作，无票（单）作业。

（3）现场勘查工作，未召开开工会，未执行工作监护制度。

（4）现场勘查工作，未落实安全技术措施。

（5）现场勘察工作，误碰带电设备造成人身伤亡。

（6）误入运行设备区域、客户生产危险区域。

（7）查看带电设备时，安全措施不到位，安全距离无法保证。

（8）现场通道照明不足，基建工地易发生高空落物，碰伤、扎伤、摔伤等意外情况。

2. 防范措施

（1）加强作业计划编制和刚性执行，减少和避免重复、临时工作。在营销业务系统填写工作票或现场作业安全控制卡（见图 2-2），明确工作时间。

（2）现场工作，必须使用工作票或工作任务单（作业卡），并明确公司现场工作负责人和应采取的安全措施，严禁无票（单）作业。客户电气工作票实行由公司签发人和客户方签发人共同签发的"双签发"管理。在高压客户的主要电气设施上从事相关工作，实行公司、客户"双许可"制度。将填写工作票或现场作业安全控制卡环节纳入营销业务系统，作为现场作业前"串行"环节，在系统内填写，电子签发、许可，系统直接打印，工作人员携带至作业现场，履行客户方签发、许可和现场工作流程。现场工作完成后，在系统内完成工作票回填，办理工作终结，同时将票（单）扫描件上传系统。

（3）在客户电气设备上从事相关工作，现场工作负责人或专责监护人在作业前必须向全体作业人员统一进行现场安全交底，使所有作业人员做到"四清楚"，并签字确认。召开现场开工会，如图 2-3 所示。在作业过程中必须认真履行监护职责，及时纠正不安全行为。

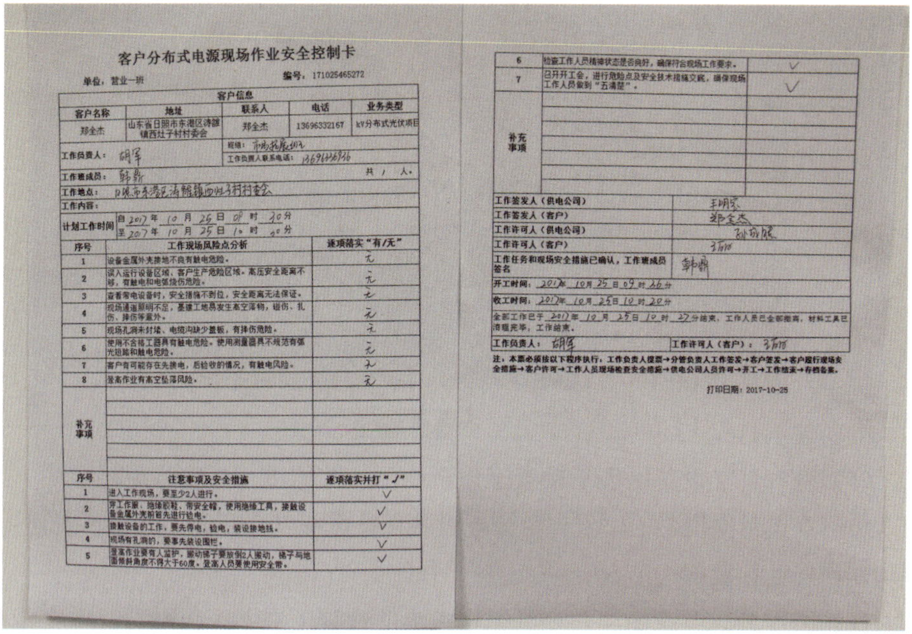

客户分布式电源现场作业安全控制卡

单位：营业一班　　编号：171025465272

客户信息				
客户名称	地址	联系人	电话	业务类型
郑全杰	山东省日照市东港区涛雒镇西灶子村村委会	郑全杰	13696332167	kV分布式光伏项目
工作负责人：胡军		班组：市场拓展班	工作负责人联系电话：13696336936	
工作班成员：韩鹏				共 1 人。
工作地点：日照市东港区涛雒镇西灶子村村委会				
工作内容：				
计划工作时间	自 2017 年 10 月 25 日 08 时 30 分 至 2017 年 10 月 25 日 10 时 20 分			

序号	工作现场风险点分析	逐项落实“有/无”
1	设备金属外壳接地不良有触电危险。	无
2	误入运行设备区域、客户生产危险区域。高压安全距离不够，有触电和电弧烧伤危险。	无
3	查看带电设备时，安全措施不到位，安全距离无法保证。	无
4	现场通道照明不足，基建工地易发生高空落物，碰伤、扎伤、摔伤等意外。	无
5	现场孔洞未封堵、电缆沟缺少盖板，有摔伤危险。	无
6	使用不合格工器具有触电危险。使用测量器具不规范有弧光短路和触电危险。	无
7	客户有可能存在先接电，后验收的情况，有触电风险。	无
8	登高作业有高空坠落风险。	无
补充事项		

序号	注意事项及安全措施	逐项落实并打“√”
1	进入工作现场，要至少2人进行。	√
2	穿工作服、绝缘胶鞋、带安全帽，使用绝缘工具，接触设备金属外壳前首先进行验电。	√
3	接触设备的工作，要先停电，验电，装设接地线。	√
4	现场有孔洞的，要事先装设围栏。	√
5	登高作业要有人监护，搬动梯子要放倒2人搬动，梯子与地面倾斜角度不得大于60度。登高人员要使用安全带。	√
6	检查工作人员精神状态是否良好，确保符合现场工作要求。	√
7	召开开工会，进行危险点及安全技术措施交底，确保现场工作人员做到“五清楚”。	√
补充事项		

工作签发人（供电公司）	王明安
工作签发人（客户）	郑全杰
工作许可人（供电公司）	孙成斌
工作许可人（客户）	王丽
工作任务和现场安全措施已确认，工作班成员签名	韩鹏
开工时间：2017年 10月 25日 09时 36分	
收工时间：2017年 10月 25日 10时 20分	
全部工作已于 2017 年 10 月 25 日 10 时 27 分结束，工作人员已全部撤离，材料工具已清理完毕，工作结束。	
工作负责人：胡军	工作许可人（客户）：王丽

注：本票必须按以下程序执行：工作负责人提票→分管负责人工作签发→客户签发→客户履行现场安全措施→客户许可→工作人员现场检查安全措施→供电公司人员许可→开工→工作结束→存档备案。

打印日期：2017-10-25

图 2-2　客户分布式电源现场作业安全控制卡

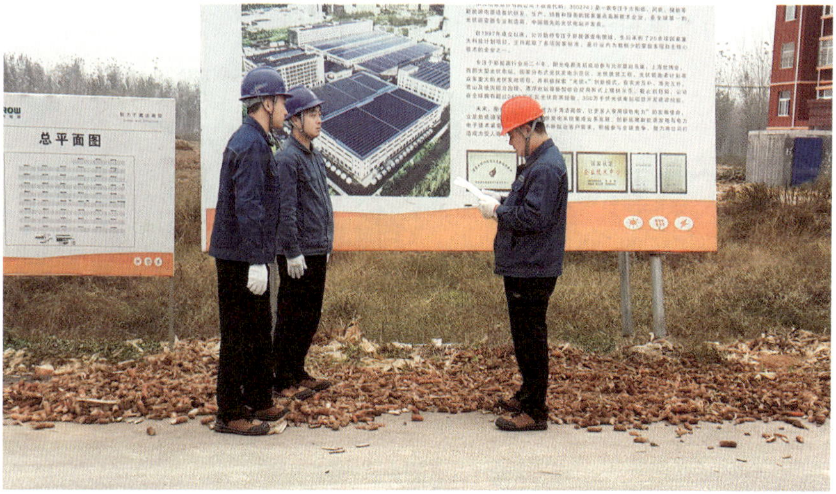

图 2-3　现场开工会

（4）在客户电气设备上从事相关工作，必须落实保证现场作业安全的技术措施。由客户方按工作票内容实施现场安全技术措施后，现场工作负责人与客户许可人共同检查并签字确认（见图 2-4）。现场作业班组要根据工作内容配备齐全验电器（笔）、接地线（短路线）等安全工器具并确保正确使用。

图 2-4　双签发双许可

（5）进入带电设备区现场勘查工作至少两人共同进行，实行现场监护。勘查人员应掌握带电设备的位置，与带电设备保持足够安全距离，注意不要误碰、误动、误登运行设备。

（6）工作班成员应在客户电气工作人员的带领下进入工作现场，并在规定的工作范围内工作，做到对现场危险点、安全措施等情况清楚了解。

工作班人员不单独进入施工现场，如图 2-5 所示。

图 2-5　不单独进入施工现场

（7）进入带电设备区设专人监护，严格监督带电设备与周围设备及工作人员的安全距离是否足够，不得操作客户设备。对客户设备状态不明时，均视为运行设备。

（8）进入客户设备运行区域，必须穿工作服、戴安全帽，携带必要照明器材。需攀登杆塔或梯子时，要落实防坠落措施，并在有效的监护下进行。不得在高空落物区通行或逗留，如图 2-6 所示。

图 2-6　进入客户运行区域

2.3　分布式光伏并网接入系统方案制订及答复

1. 风险点

（1）接入系统方案未由经研所制订，或未按相关标准要求制订。

（2）接入系统方案审核人员审核错漏造成并网工程存在安全隐患。

（3）未答复接入系统方案确认单，或项目业主未认可接入系统方案，项目业主即开展后续工作。

2. 防范措施

（1）经研所应按照国家、行业、企业相关技术标准及规定，参考《分布式电源接入系统典型设计》和《分布式电源接入配电网相关技术规范（修订版）》等制订接入系统方案。

（2）发展部、调控中心、各级营销部门应严格按照相关规程规定审核接入系统方案。组织接入系统方案会审如图 2-7 所示。

图 2-7　接入系统方案会审

（3）对于 380/220V 接入项目，项目业主根据确认的接入系统方案开展项目核准（或备案）和工程建设等工作；对于 35kV 和 10kV 接入项目，项目业主根据接入电网意见函开展项目核准（或备案）和工程设计等工作。

接入系统方案确认单如图 2-8 所示。

分布式电源接入系统方案项目业主（用户）确认单

山东联海光伏科技有限公司：

你公司 1.94 兆瓦项目接入系统申请已受理，接入系统方案已制订完毕，现将接入系统方案、接入电网意见函（适用于 35 千伏、10 千伏接入项目）告知你处，请收到后，确认签字，并将本单返还客户服务中心。若有异议，请到客户服务中心咨询。

项目单位：（公章）　　　客户服务中心：（公章）

项目个人：（经办人签字）

2017年9月28日　　　　2017年9月28日

图 2-8　接入系统方案确认单

2.4 分布式光伏并网设计审查

1. 风险点

（1）未按规定要求项目业主开展分布式光伏并网设计。

（2）项目业主提供的并网工程设计资料和其他相关资料不全。

（3）审核人员审核错漏造成并网工程存在安全隐患。

（4）设计不符合规范要求，存在装置性安全隐患。

（5）电气设备防误操作措施缺失或不完整。

2. 防范措施

（1）380/220V 多并网点项目、10kV 逆变器类项目、35kV 项目应进行设计。

（2）应依照国家、行业标准以及批复的接入系统方案对设计文件进行审查。

（3）建立设计资料审核的相关制度，规范设计资料审核工作的内容。

（4）严格按照国家、行业电气设计规范（标准），审查客户设计资料，杜绝装置性隐患。

（5）客户电气主设备应具有完善的"五防"联锁功能，有效防止误操作，并配置带电或故障指示器。配电装置有倒送电源时，应装设有带电显示功能的强制闭锁。

2.5 分布式光伏并网验收与调试

1. 风险点

（1）并网验收与调试工作，无计划进行。

（2）并网验收与调试工作，无票（单）作业。

（3）并网验收与调试工作，未召开开工会，未执行工作监护制度。

（4）并网验收与调试工作，未落实安全技术措施。

（5）误碰带电设备触电；误入运行设备区域触电、客户生产危险区域。

（6）项目业主并网调试和验收提供的资料和手续不全。

（7）多专业、多班组工作协调配合不到位出现组织措施、技术措施缺失或不完整。

（8）并网项目未竣工检验或检验不合格即并网。

（9）现场安装设备与审核合格的设计图纸不符，私自改变接线方式或运行方式。

（10）现场通道照明不足，基建工地易发生高空落物，碰伤、扎伤、摔伤等意外。

（11）并网设备并网前后未经调试。

2. 防范措施

（1）加强作业计划编制和刚性执行，减少和避免重复、临时工作。在营销业务系统填写工作票或现场作业安全控制卡，明确工作时间。

（2）现场工作，必须使用工作票或工作任务单（作业卡），并明确公司现场工作负责人和应采取的安全措施，严禁无票（单）作业。客户电气工作票实行由公司签发人和客户方签发人共同签发的"双签发"管理。在高压客户的主要电气设施上从事相关工作，实行公司、客户"双许可"制度。将填写工作票或现场作业安全控制卡环节纳入营销业务系统，作为现场作业前"串行"环节，系统内填写，电子签发、许可，系统直接打印，工作人员携带至作业现场，履行客户方签发、许可和现场工作流程。现场工作完成后，在系统内完成工作票回填，办理工作终结，同时将票（单）扫描件上传系统。

（3）在客户电气设备上从事相关工作，现场工作负责人或专责监护人在作业前必须向全体作业人员统一进行现场安全交底，使所有作业人员做到"四清楚"，并签字确认。在作业过程中必须认真履行监护职责，及时纠正不安全行为。

（4）在客户电气设备上从事相关工作，必须落实保证现场作业安全的技术措施。由客户方按工作票内容实施现场安全技术措施后，现场工作负责人与客户许可人共同检查并签字确认。现场作业班组要根据工作内容配备齐全验电器（笔）、接地线（短路线）等安全工器具并确保正确使用。

（5）竣工检验工作至少两人共同进行（见图2-9）。要求客户方或施工方进行现场安全交底，做好相关安全技术措施，确认工作范围内的设备已停电、安全措施符合现场工作需要，明确设备带电与不带电部位、施工电源供电区域，竣工检验中工作人员不得擅自操作客户设备，确需操作的，也必须由客户专业人员进行。

（6）严把并网调试和验收资料关，并网调试和验收资料不完整、施工单位资质不符要求等情况，不安排并网调试和验收（见图2-10）。

图2-9 不单人现场工作

图2-10 严把验收关

（7）涉及多专业、多班组参与的项目，由竣工检验现场负责人牵头（高压接入项目，为地市供电企业调控中心；低压接入项目，为地市、县供电企业营销部），各相关专业技术人员参加，成立检验小组。现场负责人对工作现场进行统一安全交底，明确职责，各专业负责落实相关安全措施和责任。现场负责人应做好现场协调工作。工作必须由客户方或施工方熟悉环境和电气设备的人员配合进行。

（8）对未经检验或检验不合格已经并网的分布式光伏工程，必须立即采取停电措施，严肃处理有关责任人和责任单位，按照公司统一的分布式光伏并网程序重新办理分布式光伏并网验收与调试手续（见图2-11）。

图2-11　并网验收

（9）严格按照电气装置安装工程设计、施工和验收标准与规范进行检验，并网验收与调试时发现的隐患，及时出具书面整改意见，督导客户落实整改措施，形成闭环管理。复验合格后，方可安排投运工作。

（10）在竣工检验工作中，必须穿工作服、戴安全帽、携带照明器材（见图2-12）。需攀登杆塔或梯子时，要落实防坠落措施，并在有效的监护下进行。不得在高空落物区通行或逗留。

图2-12　登高作业

（11）35kV、10kV 接入项目，地市供电企业调控中心负责组织相关部门开展项目并网验收工作，开展并网调试有关工作，调试通过后直接转入并网运行；380（220）V 接入项目，地市、县供电企业营销部（客户服务中心）负责组织相关部门开展项目并网验收及调试，验收调试通过后直接转入并网运行。若验收调试不合格，提出整改方案。

3 电能计量现场风险防范措施

3.1 业扩现场勘查

1. 风险点

（1）现场勘查工作，误碰带电设备造成人身伤亡。

（2）对客户设备不熟悉，误入运行设备区域、客户生产危险区域。

（3）未正确佩戴安全帽，未与带电设备保持安全距离。

（4）擅自开启电气设备柜门或操作电气设备。

（5）现场勘查时与带电设备未保持安全距离。

（6）未严格执行工作票制度，或安全措施缺失。

（7）未严格执行工作监护制度。

（8）未正确使用合格的防护用品。

（9）未采取正确的监护措施和保护措施。

（10）未对计量箱柜门进行固定导致异常关闭从而导致事故。

（11）安全工器具（验电笔、强光手电、手套、绝缘鞋等）配置不全或未正确使用，缺少安全警示牌等，现场工作时安全劳动保护措施落实不到位。

2. 防范措施

（1）现场勘查应查看现场施工（检修）作业需要停电的范围、保留的带电部位和作业现场的条件、环境及其他危险点等。根据现场勘查结果，对危险性、复杂性和困难程度较大的作业项目，应编制组织措施、技术措施、安全措施，经本单位分管生产的领导（总工程师）批准后执行。

（2）业扩报装现场工作应严格执行"两票三卡"制度。低压批量新装作业可以使用一张现场作业安全工作卡，但批量工作必须在工作卡有效时间内完成，不能完成的工作终结后重新办理工作卡。

（3）现场勘查由业务主办负责与客户联系，制订工作计划，并组织实施。

（4）业扩项目现场勘查前，业务主办应书面告知工作人员现场电气设备接线、运行情况、危险点和安全注意事项。现场勘查时应由客户电气值班人员带领。

（5）在勘查现场，工作人员应保持精力集中，注意地面的沟、坑、洞和基建设备等，防止摔伤、碰伤。进入施工现场或设备区时必须正确佩戴安全帽，与带电设备保持安全距离，不得移开或越过遮栏，不得操作客户设备，不得进行和现场勘查无关的工作。

（6）相邻有带电间隔和带电部位，必须装设临时遮栏并设专人监护。在工作地点设置"在此工作"标示牌（见图3－1、图3－2）。

图3－1　业扩现场勘查班前会

图3－2　业扩现场勘查安全措施

（7）勘查时必须核实设备运行状态，严禁工作人员未履行工作许可手续擅自开启电气设备柜门或操作电气设备。始终与设备保持安全距离。因勘查在需要开启电气设备柜门或操作电气设备时，应执行工作票制度，将需要勘查设备范围停电、验电、挂接地线、设置安全围栏并悬挂标示牌后，履行工作许可手续，方能工作（见图3-3）。当打开计量箱门进行检查或操作时，应采取有效措施对箱门进行固定，防止由于刮风或触碰造成柜门异常关闭导致事故。

图3-3 现场验电

3.2 工程竣工验收

1. 风险点

（1）现场检查时受电装置带电或突然来电。

（2）对客户设备不熟悉，误入运行设备区域、客户生产危险区域。

（3）未正确佩戴安全帽，未与带电设备保持安全距离。

（4）计量柜（箱）内遗留工具，导致送电后短路，损坏设备。

（5）擅自开启电气设备柜门或操作电气设备。

（6）竣工验收时与带电设备未保持安全距离。

（7）未严格执行工作票制度，或安全措施缺失。

（8）未严格执行工作监护制度。

（9）未正确使用合格的防护用品。

（10）未采取正确的监护措施和保护措施。

（11）未对计量箱柜门进行固定导致异常关闭从而导致事故。

2. 防范措施

（1）电气设备停电后（包括事故停电），在未拉开有关隔离开关（刀闸）和做好安全措施前，不得触及设备或进入遮栏，以防突然来电。

（2）相邻有带电间隔和带电部位，必须装设临时遮栏并设专人监护。在工作地点设置"在此工作"标示牌。

（3）核对工作票、故障处理工作单内容与现场信息是否一致。

（4）在客户现场进行竣工验收时，业务主办应书面告知工作人员现场电气设备接线、运行情况、危险点和安全注意事项。必须确认受电装置不带电且无突然来电的危险，并挂接地线或合接地开关。竣工验收工作严禁单人作业。

（5）验收工作应由客户电气值班人员带领（见图3-4）。验收人员必须正确佩戴安全帽，与带电设备保持安全距离，不得移开或越过遮栏，不得代替客户操作设备，严禁误碰、误动、误登运行设备。不得进行和竣工验收无关的工作。

（6）竣工验收时必须核实设备运行状态，如图3-5和图3-6所示，严禁工作人员未履行工作许可手续擅自开启电气设备柜门或操作电气设备。始终与设备保持安全距离。因勘查在需要开启电气设备柜门或操作电气设备时，应执行工作票制度，将需要勘查设备范围停电、验电、挂接地线、设置安全围栏并悬挂标示牌后，履行工作许可手续，方能工作。当打开计量箱门进行检查或操作时，应采取有效措施对箱门进行固定，防止由于刮风或触碰造成柜门异常关闭导致事故。

图3-4　会同客户进行竣工验收工作

图 3-5　核实用户设备运行状况

图 3-6　验收二次回路

3.3　计量装置装换

1. 风险点

（1）受电装置带电或突然来电。

（2）不熟悉现场电气设备接线、运行情况。

（3）注意力不集中、标志不清晰、监护不力等因素导致作业人员误入运行设备。

（4）电流互感器二次开路，产生高电压危及人身与设备安全。

（5）发生电压回路短路或接地，造成作业人员触电。

（6）在现场装接互感器、电能表、终端等工作时，未断开线路上的所有电源隔离点，存在向作业地点倒送电的可能。

（7）现场进行接户线工作时，人员在登高途中或高空作业过程中发生意外。

（8）计量用二次回路或电能表接线错误，导致现场实际电能计量不准。

（9）营销工作人员超越职责范围，擅自对客户设备进行拉闸、操作开关柜等工作。

（10）接线时压接不牢固或接线错误。

（11）戴手套使用电动转动工具，可能引起机械伤害。

（12）计量柜（箱）、电动工具漏电。

（13）安装 10kV 拉手计量装置时，带电进行计量装置换装，因带电作业操作不当，存在安全风险。

（14）现场装置轮换时，未正确佩戴护目镜，未与带电设备保持安全距离，造成电弧烧伤。

（15）金属计量箱未接地，设备漏电，工作人员现场不验电直接工作，造成人身触电。

（16）客户配电室临时电源不规范，漏电造成触电或设备损坏。

（17）高供低计计量装置，电压回路无保护，电压短路造成人员伤亡或事故扩大。

2. 防范措施

（1）电气设备停电后（包括事故停电），在未拉开有关隔离开关（刀闸）和做好安全措施前，不得触及设备或进入遮栏，以防突然来电。

（2）相邻有带电间隔或带电部位，必须装设临时遮栏并设专人监护。在工作地点设置"在此工作"标示牌。

（3）核对工作票、故障处理工作单内容与现场信息是否一致。

（4）工作人员应保持精力集中，注意地面的沟、坑、洞等，防止摔伤、碰伤。不得进行其他无关的工作。

（5）需攀登杆塔（梯子）时，严格落实防高坠措施，登高人员上下杆塔（梯子）及在杆塔（梯子）上察看时，应在有效监护下进行。

（6）电能表与电流互感器、电压互感器配合安装时，宜停电进行。带电工作时应有防止电流互感器二次开路和电压互感器二次短路的安全措施。

（7）使用验电笔（器）对计量柜（箱）金属裸露部分进行验电。确认电源进、出线方向，断开进、出线开关，且能观察到明显断开点。使用验电笔（器）再次进行验电，确认互感器一次进出线等部位均无电压后，装设接地线。

（8）凡在坠落高度基准面 2m 及以上的高处进行的作业，都应视作高处作业。凡参加高处作业的人员，应每年进行一次体检。高处作业均应先搭设脚手架、使用高空作业车、升降平台或采取其他防止坠落措施，方可进行。在屋顶以及其他危险的边沿进行工作，临空一面应装设安全网或防护栏杆，否则，作业人员应使用安全带。在没有脚手架或者在没有栏杆的脚手架上工作，高度超过 1.5m 时，应使用安全带，或采取其他可靠的安全措施。安全带和专作固定安全带的绳索在使用前应进行外观检查。安全带应定期抽查检验，不合格的不准使用。在电焊作业或其他有火花、熔融源等的场所使用的安全带或安全绳应有隔热防磨套。安全带的挂钩或绳子应挂在结实牢固的构件上，或专为挂安全带用的钢丝绳上，并应采用高挂低用的方式。禁止挂在移动或不牢固的物件［如隔离开关（刀闸）支持绝缘子、CVT 绝缘子、母线支柱绝缘子、避雷器支柱绝缘子等］上。高处作业人员在作业过程中，应随时检查安全带是否拴牢。高处作业人员在转移作业位置时不得失去安全保护。高处作业使用的脚手架应经验收合格后方可使用。上下脚手架应走斜道或梯子，作业人员不准沿脚手杆或栏杆等攀爬。高处作业应一律使用工具袋。较大的工具应用绳拴在牢固的构件上，工件、边角余料应放置在牢靠的地方或用铁丝扣牢并有防止坠落的措施，不准随意乱放，以防止从高空坠落发生事故。在进行高处作业时，除有关人员外，不准他人在工作地点的下面通行或逗留，工作地点下面应有围栏或装设其他保护装置，防止落物伤人。如在格栅式的平台上工作，为了防止工具和器材掉落，应采取有效隔离措施，如铺设木板等。

（9）二次回路接线应注意电压、电流互感器的极性端符号。接线时可先接电流回路，分相接地的电流互感器二次回路宜按相色逐项接入，并核对无误后，再连接各相的接地线。简化接线方式的电流互感器二次回路，可利用公共线，分相接入时公共线只与该相另一端连接，其他步骤同上。电流回路接好后再按相接入电压回路。二次回路接好后，应进行接线正确性检查。

（10）工作前应用验电笔（器）对金属计量柜（箱）进行验电，并检查计量柜（箱）接地是否可靠。电动工具外壳必须可靠接地，其所接电源必须装有漏电保护器。使用电动转动工具时不得使用手套。

（11）带电进行计量装置新装、轮换、现场校验时，应采取防止人身触电、短路和电弧灼伤的安全措施。带电短接电流回路时，必须用仪表进行监视（见图3-7～图3-9）。

图3-7　轮换前验电

图3-8　电能表轮换接线盒操作

图 3-9 计量回路电流测量

3.4 计量装置现场检验

1. 风险点

（1）受电装置带电或突然来电。

（2）不熟悉现场电气设备接线、运行情况。

（3）在现场测试互感器、二次导线压降、更换电能表等工作时，因注意力不集中、标志不清晰、监护不力等因素导致作业人员误入运行设备。

（4）临时电源的线路敷设不规范、绝缘破损、线径与负荷电流不匹配等引起人员触电或设备损坏。

（5）工作现场试验接线随意抛掷，误碰运行设备导致人员触电。

（6）在互感器现场检验升压过程中，高电压防护措施不到位导致人员触电。

（7）现场进行 35～500kV 互感器试验时，作业人员登高到构架上进行接线发生坠落。

（8）现场进行电能表检验时，电压取样夹夹子时有可能产生打火现象，作业人员有可能无心理准备而受到惊吓，应激动作幅度过大或夹子脱落，误碰带电体导致触电。

（9）检测后未断开电源开关或升流设备未回零而引起触电。

（10）TA 二次回路短路时，存在用导线缠绕而未用专用短路线或短路片进行短路的现象，造成作业人员触电伤亡或者运行设备损坏。

（11）使用万用表等工器具时，存在未事先确认工器具完好的现象。

（12）对于施工使用的工器具，如螺丝刀等，未进行绝缘化处理。

2. 防范措施

（1）工作负责人对工作班成员应进行安全教育，作业前对工作班成员进行危险点告知，明确指明带电设备位置，交代安全措施和技术措施，并履行确认手续。核对工作票、工作任务单与现场信息是否一致。在工作地点设置"在此工作"的标示牌。

（2）根据带电设备的电压等级，检测人员应注意保持与带电体的安全距离不小于电力安全工作规程中规定的距离，应站在绝缘垫上进行作业。

（3）二次回路检测施放测试电缆至 TV 端子箱时，应注意切不可用力拖拽，避免电缆绷紧升高靠近上方高压设备放电，过近造成人身和设备事故。

（4）检测设备金属外壳应可靠接地，检测仪器与设备的接线应牢固可靠。

（5）互感器现场检验时，接一次试验导线前，被试电压互感器高压侧应接地。工作人员在接、拆一次试验导线时，必须戴绝缘手套，穿绝缘鞋。被试互感器接地点应可靠接地。测试前和测试后电压互感器都必须用专用放电棒放电。

（6）接取临时电源时安排专人监护。检查接入电源的线缆有无破损，连接是否可靠。检查电源盘漏电保护器工作是否正常。

（7）检测过程应有人呼唱并监护。检测人员在检测过程中注意力应高度集中，防止异常情况的发生，电能表检测现场如图 3－10 所示。

（8）按规定对各类登高用工器具进行定期试验和检查，确保使用合格的工器具。使用前检查梯子的外观，以及编号、检验合格标识，确认符合安全要求。应派专人扶持，防止梯子滑动。高空作业上下传递物品，不得抛掷，必须使用工具夹或工具袋，防止物品跌落。

（9）检测装置的电源开关，应使用具有明显断开点的双极刀闸，并有可靠的过载保护装置。变更接线或检测结束时，应首先将升流设备调压器回零。

（10）短路 TA 二次回路时，必须使用专用的短路片或短路线对二次端子进行短路；工作时必须有专人监护，使用绝缘工器具，并站在绝缘垫上（见图 3－11、图 3－12）。

（11）使用万用表等工器具时，应事先确认工器具完好。对所有工器具进行绝缘化处理，如螺丝刀长柄、扳手手柄等用绝缘护套或绝缘胶布进行绑扎。

图 3-10　电能表现场检验

图 3-11　互感器现场检验

图 3－12　对电压互感器进行充分放电

3.5　计量装置故障处理

1. 风险点

（1）受电装置带电或突然来电。

（2）不熟悉现场电气设备接线、运行情况。

（3）注意力不集中、标志不清晰、监护不力等因素导致作业人员误入运行设备。

（4）电流互感器二次开路，产生高电压危及人身与设备安全。发生电压回路短路或接地，造成作业人员触电。

（5）营销工作人员超越职责范围，擅自对客户设备进行拉闸、操作开关柜等工作。

（6）现场发生计量柜、电能表、接线盒、互感器箱封印缺失等情况，作业人员未认真进行分析、妥善处置导致的风险。

（7）发现客户有窃电嫌疑，在现场取证或处理过程中处置不当引起的风险。

（8）进入变电站 SF_6 设备室，气体泄漏中毒。

（9）计量设备消缺时，因未详细核对表计、终端电压电流等级，造成设备烧坏。

2. 防范措施

（1）工作负责人对工作班成员应进行安全教育，作业前对工作班成员进行危险点告知，交代安全措施和技术措施。

（2）作业现场应装设遮栏或围栏，与高压部分应有足够的安全距离，向外悬挂"止步，高压危险！"的标示牌。

（3）工作班成员应精力集中，随时警戒异常现象发生，工作班成员之间应加强监护。

（4）二次回路带电作业应使用有绝缘柄的工具，其外裸的导电部位应采取绝缘措施，防止操作时相间或相对地短路（见图3－13）。

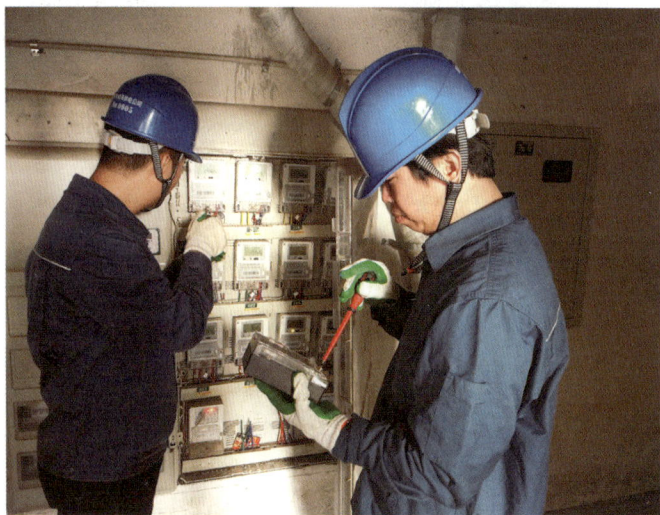

图3－13　现场处理电能表故障

（5）工作时，应穿绝缘鞋，并戴手套，站在干燥的绝缘物上进行。工作时设专人监护。

（6）工作前做好安全隔离措施，确保断开各方面电源。作业点必须装设接地线。自备发电机只能作为试验电源或工作照明用，严禁接入其他电气回路（见图3－14）。

（7）电能表接线回路采用统一标准的联合接线盒。不得将回路的永久接地点断开。进行电能表装接工作时，先在联合接线盒内短接电流连接片，脱开电压连接片。短接电流互感器二次绕组，应使用短路片或短路线，禁止用导线缠绕。

图 3-14　计量箱箱体验电

（8）电能表故障处理前，应告知客户故障原因，并抄录电能表当前各项读数，请客户认可。电能表故障，按照《高压电能计量装置装、拆作业指导书》装拆电能表。

（9）二次回路故障处理前，应告知客户故障原因，并抄录电能表当前各项读数，请客户认可。根据二次回路接线故障情况，采取相应的安全措施后，进行处理。

（10）电压、电流互感器故障，应通知相关方限期进行更换，并要求更换时通知工作人员到现场。更换前，应告知相关方故障原因，并抄录电能表当前各项读数，记录互感器变比，请相关方认可。

（11）现场通电检查前，应会同客户一起记录故障处理后的电能表各项读数，并核对。故障处理后，应对电能表、互感器、联合接线盒、计量柜（箱）加封，互感器加封应在带电检查前，并在故障处理工作单上记录封印编号。

（12）记录好电能计量装置故障现象，履行客户签字认可手续，作为退补电量依据（见图 3-15）。工作结束后，客户档案信息、故障处理工作单等应由专人妥善存放，并及时归档。

（13）核查计量柜（箱）外观是否正常，封印是否完好，有异常现象拍照取证后转异常处理流程。

（14）核查电能表外观是否有破损、烧毁痕迹，封印是否完好，有异常现象拍照取证后转异常处理流程。

（15）核查接线盒外观是否有破损、烧毁痕迹，封印是否完好，有异常现象拍照取证后转异常处理流程。

（16）故障处理后，应对电能表、互感器、联合接线盒、计量柜（箱）加封，互感器加封应在带电检查前，并在故障处理工作单上记录封印编号。

（17）进入变电站 SF_6 设备室前，先看 SF_6 气体含量显示器，若入口处无 SF_6 气体含量显示器，应先通风 15min，并用检漏仪测量 SF_6 气体含量合格。尽量避免一人进入 SF_6 配电装置室巡视，不准一人进入开展工作。

（18）要根据故障处理工作单核对客户信息、电能表铭牌参数等内容，确认故障计量装置位置后，再进行消缺操作。

图 3-15　告知客户电能表运行状况

3.6　计量装置检定

1. 风险点

（1）设备电压挡位设置不正确，造成人员触电伤亡或设备损坏。

（2）有人正在电能表检定装置上拆表，其他工作人员误升电压，造成人员触电伤亡或设备损坏。

（3）设备工作方案设置错误，造成人员触电伤亡或设备损坏。

（4）实验室进行电能表耐压试验或互感器耐压试验过程中采取的安全措施不完备，造成人员触电伤亡或设备损坏。

（5）设备、工器具漏电，实验室校验台未有效接地，校验台电压线绝缘损坏，造成人员触电伤亡或设备损坏。

（6）接线时压接不牢固或错误，线路过载发热，设备损坏。

（7）不穿戴或不正确穿戴安全帽、绝缘鞋、工作服而引起人员伤害事故。

（8）实验室进行互感器耐压试验后，未对实验设备充分放电，导致人员触电伤亡。

（9）实验室进行电能表耐压试验或互感器耐压试验过程中，工作人员或客户误入试验区，造成人员触电伤亡。

（10）检定质量发生偏差，导致检定结果差错，发生客户投诉；计量专项授权被收回。

2. 防范措施

（1）加强方案选择审核，加强监护核验制度，防止方案中的电压挡位选择错误引起的人身和设备事故。

（2）做好防触电安全防护，一旦发生触电，立即按紧急触电措施进行处理，第一时间进行触电急救。

（3）严格按照作业指导书操作，拆表前检查装置是否彻底切断电源，先拆电压线，同时监护其他人员勿碰装置，保证不出现误升电压的情况。

（4）试验实行双人监护，试验前，检查预控措施是否落实，安全措施是否到位，佩戴安全工器具，防止发生人员触电及设备事故，实验室电能表检测、互感器检测如图3-16、图3-17所示。

图3-16　实验室电能表检测

（5）工作前应检查试验设备可靠接地，且绝缘良好。电动工具的外壳必须可靠接地，并装有漏电保护器。接线时，螺钉应紧固并充分接触。

（6）检定过程中应严格按电能表检定规程和装置操作规程进行，根据标准、被检表的测量允许范围施加电流、电压，严禁带负荷切换电流、电压量程。试验结束，释放静电后再拆线（见图3-18）。

（7）加强实验室管理，严禁设备在无人监控状态下运行。现场必须戴安全帽，穿绝缘鞋，穿工作服。试验现场必须设围栏、警灯、挂标示牌。试验现场禁止其他检修工作。试验现场外围必须专人看守。

图3-17　实验室互感器检测

图3-18　对检测互感器进行充分放电

3.7 计量装置仓储配送

1. 风险点

（1）计量装置库房发生火灾、洪水及其他外力破坏，给人身、设备造成损伤。

（2）人员在搬运计量器具或计量设备出库、入库过程中，不慎发生撞伤、砸伤和扭伤。

（3）计量装置运输过程中发生车祸、火灾及其他外力破坏，给人身、设备造成损伤。

（4）兼职驾驶员，发生交通事故。

2. 防范措施

（1）严格落实仓储管理制度，切实执行计量库房相关管理规定（见图 3-19）。

图 3-19 计量资产库房

（2）加强安全学习，设置监护人员（见图3-20）。

（3）车辆（舟船）驾驶人员应获得相应等级的驾驶证书。

（4）应加强各种车辆（舟船）维修管理，确保各种车辆（舟船）技术状况符合国家规定，安全装置完善可靠。定期对车辆（舟船）进行检修维护，在行驶前、行驶中、行驶后对技术状况和安全装置进行检查，发现危及交通安全的问题，应及时处理。

图3-20 资产出入库

3.8 计量装置运行

1. 风险点

（1）电能表电池欠压等故障不及时处理引发投诉。

（2）计量箱破损，带电体外露，无封锁造成客户特别是儿童触电。

2. 防护措施

（1）应按照国家电网公司《关于加强电能表时钟管理的通知》要求，结合用电检查、抄表等做好巡检工作，发现问题及时处理，及时对时钟超差5min以上的电能表和采集终端进行故障原因调查分析，对存在批量质量隐患的应立即处置。电能表标准化安装如图3-21所示。

（2）计量箱外观应完整、无破损、变形现象，无带电体外露，计量箱应上锁并牢固（见图3－22和图3－23）。

（3）金属计量柜（箱）外壳、接地母线、PE接地点应采用编织铜线或多股铜芯黄绿双色导线可靠接地，双色导线截面不小于16mm²。

（4）计量箱（柜）带有器具的金属盘面和装有器具的门及电器的金属外壳均应有明显可靠的PE保护地线（PE线为黄绿相间的双色线也可采用编织软铜线），但PE保护地线不允许利用箱体或盒体串接。明敷的裸导线截面不小于4mm²、绝缘导线截面不小于1.5mm²。

图3－21　电能表标准化安装

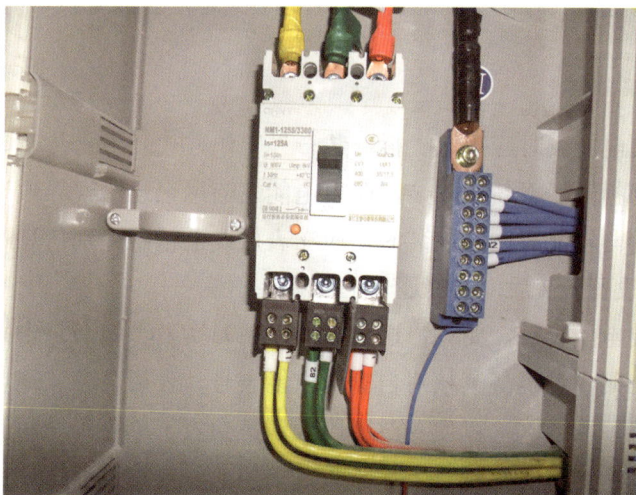

图3－22　计量二次回路标准化安装

图 3-23　电能表运行环境

3.9　电能表装拆服务

1. 风险点

（1）未严格按照"入户核对、一一对应"的原则，做好用电地址、电能表、表后开关以及表后线的核对工作，造成错接线及串户，产生服务投诉的风险。

（2）装拆电能表时，表码等重要信息未让客户知情和签字，产生电量纠纷的风险。

（3）更换电能表时，未提前公示或告知客户，产生服务投诉的风险。

2. 防范措施

（1）拆装电能表时应采取"拆一装一"工作方式，防止装表串户。不允许将电能表全部拆除后再统一安装，防范电能表信息记录错误导致计量串户现象发生。计量箱与电能表同时换装时，应在表后线上粘贴识别信息（户名、房号等），以便新设备安装后，能够逐一正确对接。

（2）拆装电能表后，要逐户送达（或张贴）换表告知书，告知客户新、旧电能表的起止码，并提醒其核对自家的电能表号、表后开关、地址、进户线是否正确，明确联系方式，以便及时上门处理。换表工单正确填写新、旧电能表起止度数，并请客户签字确认。计量装置更换前后要拍照存档。计量人员应将换表清单于每月最后一天（遇节假日提前）告知抄表人员，抄表人员负责对换表后用户的用电情况进行 1～2 个抄表周期的监控，及时对电量"突变"和 0 电量用户进行现场核查，一旦发现串户现象要两天内将串户问题通知计量人员，计量人员应在 2 个工作日内完成现场处理。

（3）严格做好换表事前公示、表码拍照留底和签字（公示）等工作，换装电能表前应提前七天在小区、单元等处张贴告知书，并在物管、社区（村委会）备案，拍照存档；故障更换、运行抽检应提前与客户预约，现场工作完成后一并完成入户核对。

3.10 客户申校

1. 风险点

（1）客户申请电能表现场校验，但不认可校验结果，作业人员沟通处置不当带来的不确定因素。

（2）工作人员在现场未和客户共同对故障现象予以签字确认就排除故障有可能导致客户事后否认故障现象。

（3）现场标准设备准确度没有达到要求或准确度未得到保持。

（4）现场检定设备未通过计量标准考核。

（5）客户申请现场校验后，未能在规定时限完成校验。

（6）现场检验方法错误或现场条件不符合要求，仍开展现场检验，导致现场检验结论错误。

2. 防范措施

（1）对现场校验的电能计量装置，从受理到出具结果全过程，将检定前后现场照片、检定环境记录、双方签字均进行保留并归档（见图 3－24）。

（2）对故障的电能计量装置，将故障处理前后现场照片、故障处理工单记录均由双方签字并保留归档（见图 3－25）。

（3）严把现场设备检查关，确保设备准确度，防止发生检定质量事故。用户电能表误差校验如图 3－26 所示。

（4）现场校验工具应按照规程进行检测，并妥善保管。

（5）严格按照操作规程及工作时限，按时合规完成现场校验任务，力争客户满意。

图 3-24　客户现场电能表核对

图 3-25　用户签字确认

图 3-26　用户电能表误差校验

（6）加强现场操作技能及危险点防范培训，增强检定人员对设备的熟悉程度，若对设备存有疑问，应进行询问及测试，第一时间解决现场人员及用户的疑惑。

（7）加强计量装置封印管理，提高计量装置安全防范能力，对日常工作、现场施工过程中发现的封印缺失问题，及时查明原因，妥善解决。

（8）注意天气，雷雨天禁止作业。

（9）确认出线侧开关断开，派专人看守。

（10）查明有无电容，有电容须先完全断开补偿装置。

（11）专人监护，检查电缆外观，电源有无漏电保护。

3.11 计量检定服务

1. 风险点

（1）用于检定、校准的设备（包括软件）没有达到要求的准确度或没有得到保护。

（2）在授权范围内进行的所有检定、校准没有采用适当的方法和程序。

（3）设备和软件由不具有检定资格的人员进行操作。

（4）客户申请现场校验后，未能在规定时限完成校验。

2. 防护措施

（1）严格按照计量管理规程规定配置检定装置，确保准确度等级满足量值传递要求。

（2）开展计量检定时必须使用现行有效的国家计量检定规程，无检定规程的，可使用部门或地方计量检定规程。

（3）与计量检定、检测项目有关的人员必须经过培训，并按照有关规定经过考核合格持证上岗，严格按周期复查，确保人员素质满足检定工作要求。

计量标准考核证书、专项计量授权证书如图 3-27～图 3-29 所示。

（4）严格按照操作规程及工作时限，按时合规完成现场校验任务，力争客户满意。

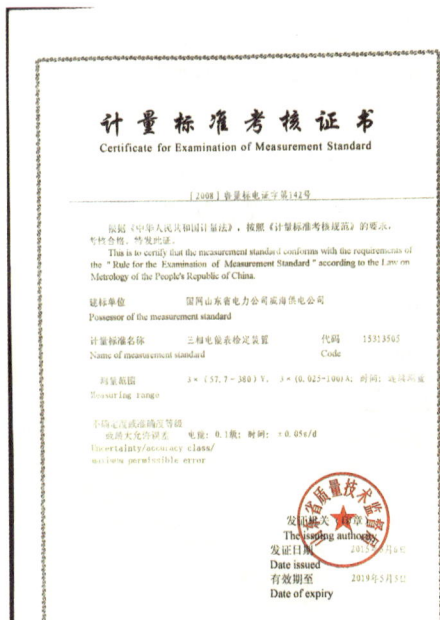

图 3-27 计量标准考核证书

图 3-28 专项计量授权证书

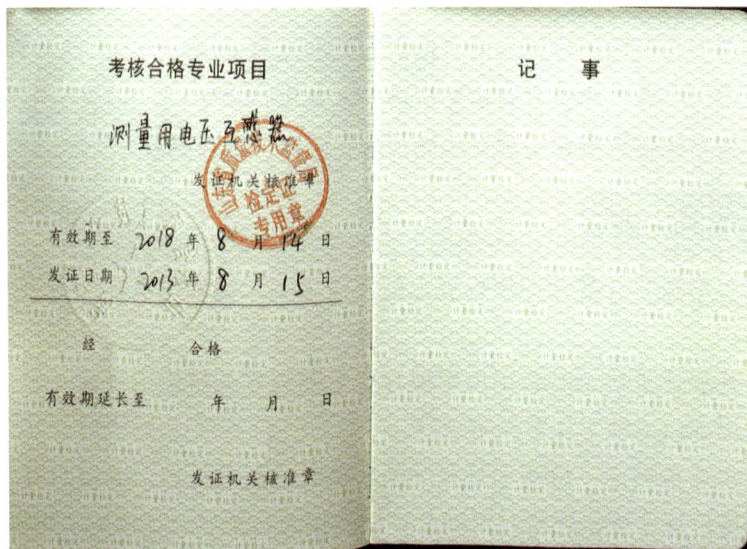

图 3-29 专项计量授权证书

4 用电检查现场风险防范措施

4.1 用电检查及反窃电

1. 风险点

（1）现场未验电、先检查，发生电压回路短路或接地，造成作业人员触电。

（2）未按用电检查计划开展工作。

（3）检查过程中，替代客户操作电气设备。

（4）检查用户窃电现场，误碰带电设备造成人身伤亡。

（5）窃电查处过程，发生过激行为，造成人身受威胁、车辆受损。

2. 防范措施

（1）接触金属外壳时应先验电，后接触。现场测量负荷如图4-1所示。

图4-1　现场测量负荷

（2）制定周期性的用电检查计划，并严格执行（见图4-2）。

图4-2　现场检查电压回路

（3）加强检查人员资格考核，检查人员必须取得相应的用电检查资质。

（4）在执行用电检查任务之前，用电检查人员应认真填写统一格式的《用电检查工作单》，并经主管领导批准后才能到客户处检查。可与公安协同开展反窃电，如图4-3所示。

图4-3　与公安协同开展反窃电

（5）用电检查人员不得替代客户操作电气设备。

4.2 重要及高危客户管理

1. 风险点

（1）供用电合同签订，合同中对供用电设施产权分界点划分不明确，导致安全责任界面不清晰等问题。

（2）客户现场安全检验，现场勘查工作时，对客户生产环境、用电设备环境不熟悉，存在误入运行设备区域、客户生产危险区域、误碰带电设备等伤亡隐患。

（3）客户安全隐患告知整改，未及时向客户反馈发现的安全隐患，或下达书面安全隐患整改通知。

（4）客户安全隐患报备，未及时向政府报备重要客户安全隐患情况。

2. 防范措施

（1）严格按照国网模板签订合同，并明晰与客户之间的产权分界点，确保不出现产权责任分界不清等问题（见图4-4）。

图4-4 现场签订高压供用电合同

（2）做好现场调研和施工改造配合过程中是否提前熟悉客户生产场所及生产设备等情况的排查梳理（见图4-5）。

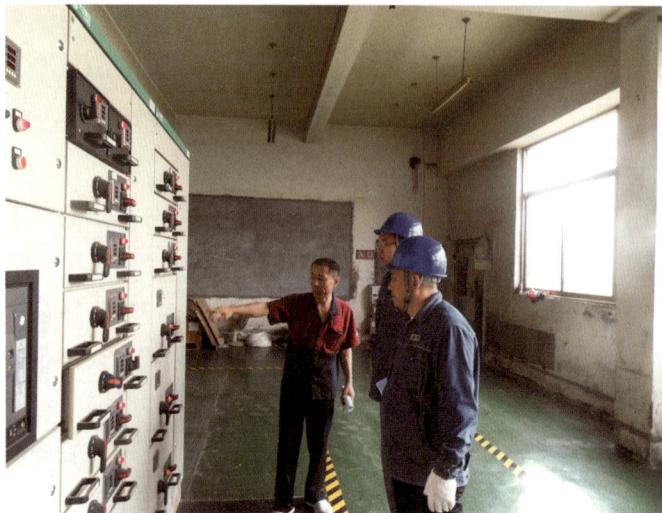

图 4－5　检查重要客户设备隐患

（3）严格落实国家电网公司关于高危及重要客户用电安全管理工作的指导意见要求，做到“服务、通知、报告、督导”四到位。

（4）严格落实国家电网公司关于高危及重要客户用电安全管理工作的指导意见要求，对已下达通知但未改正的安全隐患，一定及时报送政府备案（见图 4－6）。

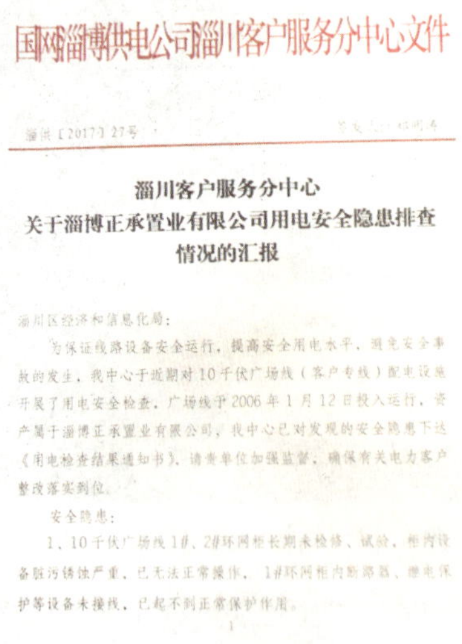

国网淄博供电公司淄川客户服务分中心文件

淄供〔2017〕27号

淄川客户服务分中心
关于淄博正承置业有限公司用电安全隐患排查
情况的汇报

淄川区经济和信息化局：

为保证线路设备安全运行，提高安全用电水平，避免安全事故的发生，我中心于近期对10千伏广场线（客户专线）配电设施开展了用电安全检查。广场线于2006年1月12日投入运行，资产属于淄博正承置业有限公司，我中心已对发现的安全隐患下达《用电检查结果通知书》，请贵单位加强监督，确保有关电力客户整改落实到位。

安全隐患：

1、10千伏广场线1#、2#环网柜长期未检修、试验，柜内设备脏污锈蚀严重，已无法正常操作。1#环网柜内断路器、继电保护等设备未接线，已起不到正常保护作用。

1

图 4－6　向政府报备重要客户的安全隐患

5 智能用电现场风险防范措施

5.1 用户充电服务安全

1. 风险点

现场服务客户工作，未做好合理解释，未采取合理手段进行客户处理，产生逾期等服务安全风险。

2. 防范措施

运维人员必须按有关规定进行设备原理、使用、维护等知识培训、学习，经考试合格以后方能上岗值班；坚持规程学习、现场培训、岗位练兵等在岗学习制度，结合实际采取多种形式，开展有针对性的充电设施培训工作。如图 5−1、图 5−2 所示。

图 5−1 充电设施运维培训

图 5-2　现场实操培训

5.2　充电设施巡视安全

1. 风险点

巡视未发现设备故障,造成充电设施损坏。

2. 防范措施

巡视时,运维人员应戴好绝缘手套,使用试电笔检查充电桩外部是否带电,进行充电桩内部检查前应确认断开电源,逐一对站内充电设备、供配电设备等按作业指导书进行检查,如发现故障,应按故障等级发起抢修工单,不影响设备使用的一般故障可在计划检修时统一修理,严重故障应立即进行抢修。

充电桩巡视如图 5-3 所示。

图 5-3　充电桩巡视

5.3 充电设施检修安全

1. 风险点

对设备不采取断电操作，误碰带电运行设备等危险区域导致人员触电伤亡。

2. 防范措施

巡视时，运维人员应检查消防器具的放置、完好情况并清点数量；检查监控摄像头、硬盘录像机是否正常运行；检查雨棚结构有无碰撞变形，膜布是否破损漏雨；检查站内倒车限位装置是否完整，有无损坏；检查站内照明是否正常，照明灯有无损坏或无法正常工作；检查充电柜围栏固定是否牢靠，有无变形、损坏。

充电站检修如图 5-4 所示。

图 5-4　充电站检修

5.4 施工机械、护具安全

1. 风险点

现场施工机械、工器具、安全用具及安全防护设施未按期保养导致人身事故，现场施工压缩项目工期，导致施工质量不达标。

2. 防范措施

正确使用电动工具，遵守操作规程，电动工具外壳必须可靠接地，其所接电源必须装有漏电保护器。临时电源线绝缘要良好，线径符合要求，加装漏电保护器。

充电站土建施工现场如图5-5所示。

图5-5　充电站土建施工现场

5.5　充电设施土建工程

1. 风险点

施工现场安全措施不到位，发生人事伤害事故。

2. 防范措施

对施工工程进行中间检查，重点包括检查隐蔽工程质量，有无装置性违章问题，是否与审核合格的设计图纸相符，有无对电网、配电设备、充电设备安全影响的隐患。检查合格后才能进行后续工程施工。中间检查时发现的隐患，及时出具书面整改意见，督导施工单位落实整改措施，形成闭环管理。

5.6 充电设施电气安装

1. 风险点

设备电气安装安全措施不到位，误碰带电运行设备等危险区域导致人员触电伤亡。

2. 防范措施

（1）要求建设场地单位、设计单位、施工单位进行现场安全交底，做好相关安全技术措施，确认工作范围内的设备已停电、安全措施符合现场工作需要，明确设备带电部位与不带电部位、施工电源供电区域，不得随意触碰、操作现场设备，防止触电伤害。

（2）进入施工现场区域，必须穿工作服、戴安全帽，携带必要照明器材。需攀登杆塔或梯子时，要落实防坠落措施，并在有效的监护下进行。不得在高空落物区通行或逗留。

6 抄表现场风险防范措施

1. 风险点

（1）抄表触电：现场抄表时，计量柜、表箱外壳带电导致的触电事故。

（2）登高作业：现场抄表高处作业的，扶梯或其他支撑物缺乏稳定性保障，导致跌落受伤。

2. 防范措施

（1）防范触电事故，需要现场抄验电表的，务必小心谨慎，接触表箱等金属设备前，先验电、后作业，严防因计量柜、表箱外壳带电导致的触电伤亡事故；操作时注意与带电部位的安全距离，防止误碰，不要带电作业。

（2）需要在高处作业的，要检查扶梯或其他支撑物，确定牢固、稳定后，方可登高作业，防止跌落。

附录 营销现场作业安全工作要求

第一章 总 则

第一条 为进一步加强营销现场工作的安全管理，规范工作人员在营销现场工作的作业行为，保证人身、电网和设备安全，结合营销现场工作的实际，按照"逐级负责、层层保障"的原则，特制定本指导文件。

第二条 本文件所称营销现场工作包括业扩报装、计量装置装换及校验、用电信息采集装置安装及调试、用电检查、分布式电源现场作业、智能用电等工作。

第二章 营销现场工作安全基本要求

第三条 为了保证工作人员在营销现场工作中的人身安全和公司、客户电气设备的安全运行，必须坚持"安全第一、预防为主、综合治理"的方针，严格执行《国家电网公司电力安全工作规程》（以下简称《安规》）和各类安全规章制度。

第四条 深化营销现场工作安全管理，健全营销现场工作管理制度，明确营销、发展、运检、调度、基建等部门职责，按照"谁主管、谁负责""谁组织、谁负责""谁实施、谁负责"的原则，严格落实各级各类人员安全责任，切实提高安全生产各项规章制度执行力，确保营销现场工作安全。

第五条 营销现场工作必须严格执行保证安全的组织和技术措施，严格工作计划刚性管理，并根据现场工作量、作业人员数量、工作复杂难易及危险程度，确定各级管理人员的到岗到位标准。

第六条 配电线路、设备等场所（含客户）上工作，执行配电工作票或者安全控制卡，具体要求如下。

（一）在高压电气设备、高压电力电缆、二次系统上工作及其他工作，需要将高压设备停电或做安全措施的，填用配电第一种工作票（见附件1）。

（二）高压配电（含相关场所及二次系统）工作，与邻近带电高压线路或设备的距离大于表1规定，不需要将高压线路、设备停电或做安全措施者，填用配电第二种工作票（见附件2）。

表1   高压线路、设备不停电时的安全距离

电压等级（kV）	安全距离（m）	电压等级（kV）	安全距离（m）
10 及以下	0.7	330	4.0
20、35	1.0	500	5.0
66、110	1.5	750	8.0
220	3.0	1000	9.5
±50	1.5	±660	9.0
±400	7.2	±800	10.1
±500	6.8		

注：表中未列电压应选用高一电压等级的安全距离。750kV 数据按海拔 2000m 校正，±400kV 数据按海拔 5300m 校正，其他电压等级数据按海拔 1000m 校正。

（三）对客户开展低压电能计量及用电信息采集系统相关工作的，必须填用低压工作票（见附件3）。

（四）对客户开展高、低压业扩报装相关工作的，必须填用客户业扩报装现场作业安全控制卡（见附件4）。

（五）对客户开展低压用电检查相关工作的，必须填用客户用电检查现场作业安全控制卡（见附件5）。

（六）对客户开展分布式电源相关工作的，必须填用客户分布式电源现场作业安全控制卡（见附件6）。

（七）抄表或其他不更动设备接线、不触及带电部位以及无任何触电、电弧灼伤危险的工作或单一停、送电操作，可不执行工作票（卡）。

第七条　变电站、发电厂等场所（含厂内配电设备）工作，执行变电站（发电厂）工作票，具体标准如下。

（一）在公司变电站高压设备上工作需要全部停电或部分停电、二次系统和照明等回路上、高压电力电缆上工作及其他工作，需要将高压设备停电或要做安全措施者，填用变电站（发电厂）第一种工作票。

（二）在公司控制盘和低压配电盘、配电箱、电源干线上、二次系统和照明等回路上工作，无须将高压设备停电或者做安全措施者，填用变电站（发电厂）第二种工作票。

第八条　开展充电设备检修（试验）相关工作，必须填用充电设备检修（试验）现场工作安全控制卡（附件7）。

第九条　工作票（卡）所列人员基本条件如下。

（一）工作票签发人应由熟悉人员技术水平、熟悉配电网络接线方式、熟悉设备情况、熟悉《安规》，并具有相关工作经验的生产领导、技术人员或经本单位批准的人员担任，名单应公布。

（二）工作负责人应由有本专业工作经验、熟悉工作范围内的设备情况、熟悉《安规》，并经工区（车间，中心）批准的人员担任，名单应公布。

（三）工作许可人应由熟悉配电网络接线方式、熟悉工作范围内的设备情况、熟悉《安规》，并经工区（车间、中心）批准的人员担任，名单应公布。用户变、配电站的工作许可人应是持有效证书的高压电气工作人员。

第十条　严格执行工作票（卡）签发制度。供电方工作票（卡）签发人一般由分管副主任、专责、班（所）长、安全员担任。客户侧工作票签发人、工作许可人由客户电气工作人员担任，也可以由客户委托承装（修、试）客户设备的施工方电气人员担任。

第十一条　客户现场作业时，严格执行工作票（卡）"双签发"制度。客户作业现场工作票（卡）实行由供电方签发人和客户方签发人共同签发的"双签发"制度，不涉及触电危险的工作，如客户确无有资质的电气工作人员，不具备客户签发条件的，可以执行供电方"单签发"。客户侧工作票（卡）签发人由客户电气工作人员担任，也可由客户委托承装（修、试）客户设备的施工方电气人员担任。供电方工作票（卡）签发人对工作的必要性和安全性、工作票（卡）上安全措施的正确性和完备性、所派工作负责人和工作班人员是否适当和充足等内容负责。客户方工作票（卡）签发人对工作的必要性和安全性、工作票上安全措施的正确性和完备性等内容审核确认。已终结的工作票（卡）应保存一年。

第十二条　严格执行工作许可制度。供电方工作许可人一般由变电站、配电设备运维人员担任。

第十三条　客户现场作业时，严格执行工作票（卡）"双许可"制度。其中，高压客户方许可人由客户具备资质的电气工作人员担任，也可由客户委托承装（修、试）客户设备的施工方电气人员担任。工作许可人对工作票（卡）中所列安全措施的正确性、完备性，现场安全措施的完善性以及现场停电设备有无突然来电的危险等内容负责。双方许可人签字确认后方可开始工作。

第十四条　严格执行工作监护制度。在客户电气设备上从事相关工作，现场工作负责人在作业前必须向全体作业人员统一进行现场安全交底，使所有作业人员做到"五清楚"（作业现场清楚、作业任务清楚、现场危险点清楚、现场的作业程序清楚、应采取的安全措施清楚），并签字确认。在作业过程中必须认真履行监护职责，及时纠正不安全行为。

第十五条 严格落实安全技术措施。在客户电气设备上从事相关工作，必须落实保证现场作业安全的技术措施（停电、验电、装设接地线、悬挂标识牌和安装遮栏等）。由客户方按工作票内容实施现场安全技术措施后，现场工作负责人与客户许可人共同检查并签字确认。现场作业班组要根据工作内容配备齐全相应电压等级的验电器（笔）、接地线（短路线）等安全工器具并确保正确使用。

第十六条 严格执行个人安全防护措施。进入客户受电设施作业现场，所有人员必须正确佩戴安全帽、穿全棉长袖工作服及绝缘鞋，正确使用合格的安全工器具和安全防护用品。

第十七条 严格落实现场风险预控措施。根据工作内容和现场实际，认真做好现场风险点辨识与预控，重点防止走错间隔、误碰带电设备、高空坠落、电流互感器二次回路开路、电压互感器二次回路短路等，坚决杜绝不验电、不采取安全措施以及强制解锁、擅自操作客户设备等违章行为。要定期分析安全危险点并完善预控措施，确保其针对性和有效性。

第十八条 严格查处违章行为。建立健全营销反违章工作机制，坚持以"三铁"反"三违"，从严处罚，常抓不懈。在营销现场工作中，任何人发现有违反本文件的情况，应立即制止，经纠正后才能恢复作业。各类作业人员有权拒绝违章指挥和强令冒险作业；在发现直接危及人身、电网和设备安全的紧急情况时，有权停止作业或者在采取可能的紧急措施后撤离作业场所，并立即报告。

第十九条 加强安全学习培训。将提升营销从业人员安全素质建设作为长期性、基础性工作，紧密结合营销现场作业特点和营销员工在应用安全知识方面的薄弱点，采取合理有效的培训和考核方式，以学习《安规》等安全规章制度为重点，结合专业实际开展案例教育、岗位培训，进一步提高营销人员安全意识、安全风险辨识能力和现场操作技能。

第三章 业扩现场工作安全要求

第二十条 业扩报装现场工作应严格执行"三票三卡"制度。在同一个工作日、同一区域内、采取相同安全措施的低压批量新装作业，可以使用一张《客户业扩报装现场作业安全控制卡》，但批量工作必须在工作卡有效时间内完成，不能完成的工作终结后重新办理工作卡。

第二十一条　严格执行业扩类作业指导书。

第二十二条　现场勘查

（一）现场勘查由业扩客户经理（工作负责人）负责与客户联系，预先了解客户电气设备接线情况、运行方式和现场作业风险点，制订勘查计划，填写《客户业扩报装现场作业安全控制卡》，并组织实施。对于业扩新装现场勘查，10kV及以下，供电方由班组长签发，供电方工作许可人由业扩客户经理（工作负责人）兼任；35kV及以上，供电方由业扩管理单位业扩专责签发，供电方工作许可人由业扩客户经理（工作负责人）兼任。

（二）对于业扩增容现场勘查，10kV及以下，供电方由业扩管理单位业扩专责签发，供电方工作许可人由业扩客户经理（工作负责人）兼任；35kV及以上，供电方由分管副主任签发，供电方许可人由业扩客户经理（工作负责人）兼任。

（三）在业扩项目现场勘查开始前，工作负责人应召开开工会，联合客户电气负责人员向全体作业人员统一进行现场安全交底，告知现场电气设备接线、运行情况、危险点和安全注意事项，使所有作业人员做到"五清楚"，并签字确认。现场勘查时应由客户电气值班人员带领。

（四）在勘查现场，工作人员应保持精力集中，注意地面的沟、坑、洞和基建设备等，防止摔伤、碰伤。进入施工现场或设备区时必须正确佩戴安全帽，穿着全棉长袖工作服，并与带电设备保持大于表1规定的安全距离，严禁移开或越过遮栏，严禁操作客户设备。不得进行和现场勘查无关的工作。勘查中如客户电气设备发生异常，工作人员应立即终止勘查工作，安全撤离电气设备区域。

第二十三条　中间检查

（一）业扩客户经理负责与客户联系，依据施工进度，制订中间检查计划，对重要客户业扩隐蔽工程施工时组织进行中间检查。中间检查前，业扩客户经理（工作负责人）须预先了解现场作业风险点，并填写《客户业扩报装现场作业安全控制卡》。

（二）对于业扩新装中间检查，10kV及以下，供电方由班组长签发，供电方工作许可人由业扩客户经理（工作负责人）兼任；35kV及以上，供电方由业扩管理单位业扩专责签发，供电方工作许可人由业扩客户经理（工作负责人）兼任。

（三）对于业扩增容中间检查，10kV及以下，供电方由业扩管理单位业扩专责签发，供电方工作许可人由业扩客户经理（工作负责人）兼任；35kV及以上，供电方由分管副主任签发，供电方工作许可人由业扩客户经理（工作负责人）兼任。

（四）在中间检查开始前，工作负责人应召开开工会，联合客户电气负责人员和施工负责人员向全体作业人员统一进行现场安全交底，告知现场存在的危险点和安全注意事项，使所有作业人员做到"五清楚"，并签字确认。

（五）在中间检查现场，工作人员应保持精力集中，必须正确佩戴安全帽，注意地面的沟、坑、洞和施工机械等，防止摔伤、碰伤。不得进行和中间检查无关的工作。

第二十四条　竣工验收

（一）业扩客户经理负责与客户联系，在工程竣工后制订竣工验收计划，组织进行竣工验收。竣工验收前，业扩客户经理（工作负责人）须预先了解现场作业风险点，并填写《客户业扩报装现场作业安全控制卡》。

（二）10kV 及以下业扩报装竣工验收，供电方由业扩管理单位业扩专责签发，供电方工作许可人由业扩客户经理（工作负责人）兼任；35kV 及以上，供电方由分管副主任签发，供电方工作许可人由业扩客户经理（工作负责人）兼任。

（三）在客户现场竣工验收开始前，工作负责人应召开开工会，联合客户电气负责人员和施工负责人员向全体作业人员统一进行现场安全交底，告知现场电气设备接线、运行情况、危险点和安全注意事项，使所有作业人员做到"五清楚"，并签字确认。竣工验收工作严禁单人作业。

（四）验收工作应由客户电气值班人员带领。业扩客户经理负责组织客户受电工程的总体验收，其中高压用电检查人员重点检查客户涉网电气设备，计量人员重点检查现场计量一、二次设备。

（五）验收人员必须正确佩戴安全帽和穿着全棉长袖工作服，与带电设备保持安全距离，严禁移开或越过遮栏，严禁代替客户操作设备，严禁误碰、误动、误登运行设备。不得进行和竣工验收无关的工作。

（六）在竣工验收现场，作业人员应保持精力集中，注意地面的沟、坑、洞等，防止摔伤、碰伤。不得进行和竣工验收无关的工作。验收需攀登杆塔（梯子）时，严格落实防高坠措施，登高人员上下杆塔（梯子）及在杆塔（梯子）上检查时，高度超过 1.5m 时，应使用安全带，并在有效监护下进行。

第二十五条　装表接电

（一）工程验收合格后，业扩客户经理负责制订接电计划，组织相关人员进行装表接电。装表接电前由业扩客户经理对现场进行安全风险点辨识，并填写

《客户业扩报装现场作业安全控制卡》。

（二）业扩装表应由业扩客户经理、装表接电人员分别办理工作票（卡）。业扩装表必须使用工作票，严禁无票作业，供电方工作许可人由业扩客户经理（客户业扩报装现场作业安全控制卡工作负责人）现场兼任。

（三）在现场作业开始前，工作负责人应召开开工会，联合客户电气负责人员和施工负责人员向全体作业人员统一进行现场安全交底，告知现场电气设备接线、运行情况、危险点和安全注意事项，使所有作业人员做到"五清楚"，并签字确认。

（四）在高压客户受电装置上装表，严禁单人作业。工作开始前要确认受电装置不带电，并挂接地线或合接开关。

（五）在装表接电现场，工作人员应保持精力集中，注意地面的沟、坑、洞等，防止摔伤、碰伤。不得进行和装表接电无关的工作。

（六）新设备是否具备启动送电条件由客户管理单位负责确定，并负责向调控中心、输电运检室（配电运检室）汇报、确认。

（七）新设备启动送电由客户电气操作人员进行，高压用电检查人员负责对涉网设备送电进行全过程监督指导。送电操作期间，其他人员要与设备保持大于表 1 规定的安全距离，严禁接触、操作设备。

（八）送电后进行现场检验等工作，应按照计量现场工作安全要求，重新办理工作票。

第四章　分布式电源现场工作安全要求

第二十六条　分布式电源现场作业应严格执行"三票三卡"制度，严格执行现场作业"双签发""双许可"制度。

第二十七条　严格执行分布式电源现场工作的作业指导书。

第二十八条　现场勘查

（一）现场勘查由分布式电源客户经理（工作负责人）负责与客户联系，预先了解客户电气设备接线情况、运行方式、分布式电源拟接入方式和现场作业风险点，制订工作计划，填写《客户分布式电源现场作业安全控制卡》，并组织实施。

（二）对于"全额上网"分布式电源现场勘查，380（220）V 接入的，供电方由班组长签发，供电方工作许可人由分布式电源客户经理（工作负责人）兼任；35/10（6）kV 接入的，供电方由业务专责签发，供电方工作许可人由分布式电源客户经理（工作负责人）兼任。

对于"自发自用剩余电量上网"分布式电源现场勘查，低压接入的，供电方由业务专责签发，供电方工作许可人由分布式电源客户经理（工作负责人）兼任；35/10（6）kV 接入的，供电方由分管副主任签发，供电方工作许可人由分布式电源客户经理（工作负责人）兼任。

（三）在分布式电源现场勘查开始前，工作负责人应召开开工会，联合客户电气负责人员向全体作业人员统一进行现场安全交底，告知现场电气设备接线、运行情况、危险点和安全注意事项，使所有作业人员做到"五清楚"，并签字确认。现场勘查时应由客户电气值班人员带领。

（四）在勘查现场，工作人员应保持精力集中，注意地面的沟、坑、洞和基建设备等，防止摔伤、碰伤。进入施工现场或设备区时必须正确佩戴安全帽，与带电设备保持安全距离，不得移开或越过遮栏，不得操作客户设备。不得进行和现场勘查无关的工作。

第二十九条　并网验收及调试

（一）分布式电源验收、调试工作，380（220）V 接入的由营销部（分中心、供电所）组织，35/10（6）kV 接入的由调控中心组织。分布式电源客户经理负责与客户联系，在工程竣工后制定工作计划，组织进行并网验收。并网验收前，分布式电源客户经理（工作负责人）须预先了解现场作业风险点，并填写《客户分布式电源现场作业安全控制卡》。

（二）对于 380（220）V 接入的"全额上网"分布式电源现场勘查，供电方由班组长签发，供电方工作许可人由分布式电源客户经理（工作负责人）兼任；35/10（6）kV 接入的"自发自用剩余电量上网"分布式电源现场勘查，供电方由业务专责签发，供电方工作许可人由分布式电源客户经理（工作负责人）兼任。

（三）在 380（220）V 分布式电源并网验收开始前，工作负责人应召开开工会，联合客户电气负责人员和施工队伍负责人员向全体作业人员统一进行现场安全交底，告知现场电气设备接线、运行情况、危险点和安全注意事项，使所有作业人员做到"五清楚"，并签字确认。并网验收工作严禁单人作业。

（四）在工程验收合格后，计量人员进行装表。工作开始前要确认受电装置不带电，并挂接地线或合接地开关。

（五）380（220）V 接入分布式电源验收工作应由客户电气值班人员带领。验收人员必须正确佩戴安全帽，与带电设备保持安全距离，不得移开或越过遮栏，不得代替客户操作设备，严禁误碰、误动、误登运行设备。不得进行和并网验收无关的工作。

（六）在并网验收现场，作业人员应保持精力集中，注意地面的沟、坑、洞等，防止摔伤、碰伤。不得进行和并网验收无关的工作。验收需攀登杆塔（梯子）时，严格落实防高坠措施，登高人员上下杆塔（梯子）及在杆塔（梯子）上察看时，应在有效监护下进行。

（七）分布式电源启动并网由客户电气操作人员进行，高压用电检查人员负责对送电过程进行监督指导。并网操作期间，其他人员要与设备保持安全距离，严禁接触、操作设备。

第三十条　并网运行安全管理

（一）并网后分布式电源安全管理参照用电客户管理模式，由客户管理单位负责。

（二）10（6）kV 及以上接入项目并网点应安装易操作、可闭锁、具有明显断开点、可开断故障电流的开断设备，电网侧应能接地。380（220）V 接入项目并网点应安装易操作、具有明显开断指示、具备开断故障电流能力开断设备。

（三）为保障公用电网和分布式电源的安全运行，分布式项目的接入应纳入公司设备异动流程管理，且要求在 PMS 接线图上标注完整，运检部负责流程和规范制定，营销部负责填报。

（四）分布式电源并网点开关（属项目业主或电力客户资产）的倒闸操作，须经市、县公司和项目方人员共同确认后，由市、县公司相关部门许可。其中，35/10（6）kV 接入项目，由市、县调控中心确认和许可；380（220）V 接入项目，由市、县公司营销部（农电工作部、客户服务中心）确认和许可。

（五）在有分布式电源接入的电网高压配电线路、设备上停电工作，应断开分布式电源并网点的断路器（开关）、隔离开关（刀闸）或熔断器，并在电网侧接地。确需停电的检修、消缺，地市公司调控中心应通过营销部门提前通知项目业主（或电力客户）。凡涉及分布式电源供电的设备，在安排检修、制定安措和倒闸操作时应按带电设备处理，且在通知具备开工条件前，应与现场确认调度管辖范围内的防孤岛等相关安措已做好。

（六）在有分布式电源接入的低压配电网上工作，宜采取带电工作方式。380（220）V 公用电网设备检修、消缺和故障处理时，停电范围内涉及分布式电源接入的，调度管辖设备由地市或县市调控中心通知营销部门，提前通知分布式电源客户，开工前由检修单位落实防倒送电相关安措。非调度管辖设备由检修单位通知营销部门，提前通知分布式电源客户，开工前由检修单位落实防倒送电相关安措。

（七）若在有分布式电源接入的低压配电网上停电工作，至少应采取以下措施之一防止反送电。

（1）接地。

（2）绝缘遮蔽。

（3）在断开点加锁、悬挂标示牌。

（八）电网管理单位停电检修，应明确告知分布式电源客户停送电时间。由电网管理单位操作的设备，应告知分布式电源客户。以空气开关等无明显断开点的设备作为停电隔离点时应采取加锁、悬挂标示牌等措施防止误送电。

（九）电网出现特殊运行方式，可能影响 35/10（6）kV 接入分布式电源正常运行时，地市公司调控中心应将有关情况及时通知分布式电源项目运行维护方和地市公司营销部门；电网运行方式影响 380（220）V 接入分布式电源运行时，相关影响结果通过地市公司营销部门转发。

第五章　计量现场工作安全要求

第三十一条　计量现场作业应当严格执行安全的组织措施和技术措施，依据《安规》要求选择合适的工作票。

第三十二条　严格执行计量类现场作业指导书。

第三十三条　在公司所属变电站、电厂、光伏电站、35kV 及以上客户变电站内，开展计量现场工作，应执行变电站工作票。在 20kV 及以下客户现场高压设备的工作应执行配电工作票，在客户低压设备、低压客户现场的工作应使用低压工作票。严禁无票作业。

（一）现场作业至少有两人一起工作，其中一人进行监护，作业人员必须正确佩戴安全帽，使用个人安全防护用品。

（二）应在工作区范围设立标示牌或围栏。工作时应戴手套、护目眼镜，并站在绝缘垫上，操作工具绝缘良好。

（三）电能表与电流互感器、电压互感器配合安装时，宜停电进行。电压互感器二次回路严禁接地或短路，电流互感器二次回路严禁开路。

（四）工作中接触到的设备外壳均应可靠接地且接地电阻满足要求。作业人员在接触上述设备外壳时，应检查接地装置是否良好，并用相应电压等级验电器确认其确无电压后，方可接触。在接触金属表箱前，要用验电器确认表箱外壳不带电。

（五）需攀登杆塔或梯子时，严格落实防高坠措施，登高人员上下杆塔或梯子及在杆塔或梯子上工作时，应在有效监护下进行。

（六）用电信息采集终端装换工作除应按照上述要求外，还应遵守如下规定：做好电源、脉冲、跳闸、交采回路的安全防范措施，确保设备安全运行。

第三十四条 低压电气工作时，要做到如下要求:

（一）工作前，应用低压验电器或测电笔检验检修设备、金属外壳和相邻设备是否有电。

（二）工作时，拆开的引线、断开的线头应采取绝缘包裹等遮蔽措施。

（三）使用的工具应有绝缘柄，其外裸露的导电部位应采取绝缘包裹措施；禁止使用锉刀、金属尺和带有金属物的毛刷、毛掸等工具。

（四）带电断、接低压导线应有人监护。断、接导线前应核对相线（火线）、零线。断开导线时，应先断开相线（火线），后断开零线。搭接导线时，顺序应相反。禁止人体同时接触两根线头。禁止带负荷断、接导线。

（五）低压装表接线时，应先安装计量装置后接电。

（六）当发现配电箱、电表箱箱体带电时，应断开上一级电源，查明带电原因，并作相应处理。

第三十五条 新建输变电工程的计量现场工作，应执行《国家电网公司电力安全工作规程（电网建设部分）（试行）》《国家电网公司基建安全管理规定》的有关要求。

第三十六条 实验室计量检定工作

（一）工作负责人和检定人员应取得相应的检定资格证书，并与所从事的检定工作相符。所有工作人员应熟悉检定装置和自动化设备的日常维护工作，能够对检定过程中发生的异常进行及时的处理。

（二）工作人员必须在工作负责人对其进行安全措施、作业范围、安全注意事项等方面的指导后方可开展工作。工作人员的身体状况、精神状态应良好。

（三）所有工作人员必须具备必要的电气知识，掌握本专业作业技能及《安规》的相关知识，并经考试合格。

（四）针对设备漏电、误碰装置低压带电部位、装置检修维护时未断电、误碰电压线路、电流线路引起人身触电的风险，制定并做好相应的预控措施。

（五）针对进入上、下料机器人区域、头发衣物卷入输送线、工器具使用不当引起机械伤害、周转箱堆放过高倒塌伤人、搬运表计过程中伤人的风险，制定并做好相应的预控措施。

（六）做好作业危险源分析并制定预控措施，工作前检查安全措施是否符合要求。

（七）对作业人员进行安全教育，工作前对作业人员交待工作危险点和安全注意事项，工作中督促作业人员遵守相关安全规章制度，制止纠正作业人员不安全工作行为。

第六章　用电检查现场工作安全要求

第三十七条　严格执行用电检查现场作业指导书。

第三十八条　用电检查工作应按计划实施，进入营销现场，应办理工作票，特殊情况下不能办理工作票的，须经本单位分管领导批准后进行，并做好现场安全措施和个人防护措施。

（一）进入营销现场作业不得少于两人。作业人员必须正确佩戴安全帽，使用个人安全防护用品。

（二）时刻注意与带电设备保持大于表1规定的安全距离，严禁误碰、误动、误登运行设备。作业现场不得进行和检查任务无关的工作。

（三）现场检查时，作业人员要保持精力集中，注意地面的沟、坑、洞等，防止摔伤。

（四）使用工具、仪器进行检查时应严格执行相关安全管理规定。

（五）需攀登杆塔或梯子时，严格落实防高坠措施，登高人员上下杆塔或梯子及在杆塔或梯子上工作时，应在有效监护下进行。

第七章　智能用电现场工作安全要求

第三十九条　严格执行智能用电现场作业指导书。

第四十条　充换电站设施建设及运维检修工作现场作业应当严格执行安全的组织措施和技术措施。

第四十一条　充换电站现场工作应按计划实施，进入现场，应办理工作票，特殊情况下不能办理工作票（卡）的，须经本单位分管领导批准后进行，并做好现场安全措施和个人防护措施。

第四十二条　施工前期安全

（一）工程开工前，建设管理单位应组织开展危险源分析，监督检查监理单位和施工单位危险点辨识及控制措施的具体落实情况。

（二）建设管理单位应组织监理单位及施工单位进行安全技术交底，收集、提供作业环境范围内可能影响施工安全地下管线、设施等相关资料，并提出保护措施要求。

第四十三条　施工过程安全

（一）工程建设过程中，建设管理单位应督促施工单位设立施工现场的危险点及预控措施警示牌，并根据工程进度情况，按施工阶段及时更新，实施风险动态管理。

（二）建设管理单位应定期开展各级安全检查等活动，检查项目危险点辨识、风险控制措施落实情况。

（三）针对重大危险源及重要风险时段，建设管理单位相关人员需亲自到岗到位监督检查。

（四）建设工程专业分包应严格履行审批手续，禁止转包或违规分包，主体工程不得专业分包。

（五）施工单位应具体负责工程项目分包队伍的安全管理工作，包括人员安全教育培训，专业分包商自带施工机械、工器具的准入检查，施工方案的审查备案，人员持证上岗审查，对分包队伍施工活动组织安全检查，对分包商管理的动态监管和考核评价等。

第四十四条　充换电站巡视安全

（一）充换电站巡视工作应由具备充电设施检修工作经验的人员担任，每组巡视人员应不少于两人，严格禁止单人外出巡视，确保巡视人员人身安全。

（二）隧道、偏僻山区、夜间、事故或恶劣天气等巡视工作，应至少两人一组进行。

（三）正常巡视应穿绝缘鞋；雨雪、大风天气或事故巡视，巡视人员应穿绝缘靴或绝缘鞋；夜间巡线应携带足够的照明用具。

（四）雷电时，禁止巡视。地震、台风、洪水、泥石流等灾害发生时，禁止巡视灾害现场；灾害发生后，若需进行巡视，应得到设备运维管理单位批准，巡视人员与派出部门之间应保持通信联络。

（五）巡视中发现设备故障，应按照工作流程发起抢修工单，并对充电设施张贴故障检修公告，防止人员使用。

（六）无论充电设备是否带电，巡视人员不得单独开启箱（柜）门，应有人监护。

（七）巡视时，禁止触碰裸露带电部位。

第四十五条　充换电站检修、故障抢修安全

（一）充换电站检修工作，每组检修人员宜不少于三人，一人负责操作、一人从旁协助、一人安全监护，严格禁止单人外出检修充电设施。

（二）充电设施检修现场作业前，需梳理作业流程，明确工作范围。

（三）开工前，充电设施管理员应对全体检修人员详细说明在工作区应注意的安全注意事项，严格按照作业流程工作。

（四）检修现场应设立标识，在断开电源的开关处悬挂"工作中，勿合闸"警示牌；在停车位上放置"检修中，勿停车"提示牌。充电站点停电检修，应明确公示停送电时间。

（五）检修结束后，检修人员应检查和清理现场。

（六）在委托设备供应商、土建电气施工单位等开展充电设施检修时，检修人员应全程陪同，并按照公司安全等相关要求做好现场管理工作，严禁在没有检修人员陪同的情况下由厂家单独开展现场检修操作。

（七）故障抢修时，检修人员现场判断需更换部件且在 2h 内无法完成处理的故障，应由充电设施管理员申请充电桩停运，并于 5 日内完成故障处理后，办理充电桩复运。

第四十六条　现场充电服务安全

（一）根据客户充电服务流程及相关规章制度受理客户充电需求。

（二）充电操作过程中，充电员应站在绝缘垫上，戴绝缘手套。

（三）确认充电电缆连接可靠，严禁开启充电桩桩门。

（四）充电过程中，严禁拔枪等危险操作。

（五）充电若遇危险，应立即按下急停按钮，并通知充电设施管理员，派相关技术人员处理。

第四十七条　安全工器具管理

（一）巡视、检修人员应了解工器具相关性能、熟悉其使用方法，现场使用的工器具应经安全检验合格，统一编号，专人保管。

（二）工器具（试电笔、万用表等）使用前，应检查确认绝缘部分无裂纹、无老化、无绝缘层脱落、无严重伤痕等现象以及固定连接部分无松动、无锈蚀、无断裂等现象。

（三）安全帽使用前，应检查帽壳、帽衬、帽箍、顶衬、下颌带等附件完好无损；使用时，应将下颌带系好，防止工作中前倾后仰或其他原因造成滑落。

（四）绝缘手套应柔软、接缝少、紧密牢固，长度应超衣袖；使用前应检查无粘连破损，气密性检查不合格者不得使用。

（五）验电器允许使用电压应与设备电压等级相符；使用时，作业人员应与带电设备保持安全距离。

第八章　其他营销现场工作安全要求

第四十八条　一般注意事项

（一）在带电设备周围禁止使用钢卷尺、皮卷尺和线尺（夹有金属丝者）进行测量工作。

（二）在户外变电站和高压室内搬动梯子、管子等长物，应放倒，两人搬运，并与带电部分保持大于表 1 规定的安全距离。

（三）在变、配电站（开关站）的带电区域内或临近带电线路处，禁止使用金属梯子。

（四）检修动力电源箱的支路开关、临时电源都应加装剩余电流动作保护装置。剩余电流动作保护装置应定期检查、试验、测试动作特性。

（五）所有电气设备的金属外壳均应有良好的接地装置。使用中严禁将接地装置拆除或对其进行任何工作。

（六）作业前检查多电源和有自备电源的用户已采取机械或电气联锁等防反送电的强制性技术措施。在多电源和有自备电源的用户线路的高压系统接入点，应有明显断开点，以防止停电作业时用户设备反送电。

第四十九条　任何人进入客户作业现场（办公室、控制室、值班室和检修班组室除外），应正确佩戴安全帽，现场作业人员应穿全棉长袖工作服、绝缘鞋。

第五十条　工作人员在进入 SF_6 配电装置室，应查看入口处的 SF_6 气体泄漏报警仪显示器显示值。入口处若无 SF_6 含量显示器，应先通风 15min，并用检漏仪测量 SF_6 气体含量合格。

第五十一条　使用绝缘电阻表测量绝缘的工作

（一）测量工作一般在良好天气时进行。雷电时，禁止测量绝缘电阻。

（二）测量绝缘电阻时，应断开被测设备所有可能来电电源，验明无电压，确认设备无人工作后，方可进行。测量中禁止他人接近被测设备。测量绝缘电阻前后，应将被测设备对地放电。

（三）测量用的导线，应使用相应电压等级的绝缘导线，其端部应有绝缘套。

（四）带电设备附近测量绝缘电阻，测量人员和绝缘电阻表安放的位置应与设备的带电部分保持大于表 1 规定的安全距离。移动引线时，应加强监护，防止人员触电。

（五）测量线路绝缘电阻时，应在取得许可并通知对侧后进行。在有感应电压的线路上测量绝缘电阻时，应将相关线路停电，方可进行。

第五十二条　工具的使用

（一）现场使用的机具、安全工器具应经检验合格。使用工具前应进行检查，机具应按其出厂说明书和铭牌的规定使用，严禁使用已变形、已破损或有故障的机具。

（二）电气工具和用具应由专人保管，每六个月应定期检查；使用前应检查确认电线、接地或接零完好；检查确认工具的金属外壳可靠接地。使用前应检查电线是否完好，有无接地线；不合格的禁止使用；使用时应按有关规定接好漏电保护器和接地线。

（三）使用金属外壳的电气工具时应戴绝缘手套。在使用电动工具的工作中，因故离开工作场所或暂时停止工作以及遇到临时停电时，应立即切断电源。

（四）连接电动机械及电动工具的电气回路应单独设开关或插座，并装设剩余电流动作保护装置，金属外壳应接地；电动工具应做到"一机一闸一保护"。

第五十三条　低压带电作业

（一）低压带电作业应设专人监护。

（二）使用有绝缘柄的工具，其外裸的导电部位应采取绝缘措施。

（三）高低压同杆（塔）架设，在低压带电线路上工作前，应先检查与高压线路大于表 1 规定的距离，并采取防止误碰高压带电线路的措施。在下层低压带电导线未采取绝缘隔离措施或未停电接地时，作业人员不得穿越。在带电的低压配电装置上工作时，应采取防止相间短路和单相接地的绝缘隔离措施。

（四）上杆前，应先分清相、零线，选好工作位置。断、接导线前应核对相线（火线）、零线。断开导线时，应先断开相线（火线），后断开零线。搭接导线时，顺序应相反。禁止人体同时接触两根线头。禁止带负荷断、接导线。

（五）架空绝缘导线不应视为绝缘设备，作业人员不准直接接触或接近。架空绝缘线路与裸导线线路停电作业的安全要求相同。

第五十四条　配电室低压回路停电

（一）将检修设备的各方面电源断开取下熔断器，在开关或刀闸操作把手上挂"禁止合闸，有人工作"的标示牌。

（二）工作前应验电。

（三）根据需要采取其他安全措施。

（四）停电更换熔断器后，恢复操作时，应戴绝缘手套和护目眼镜。

（五）低压工作时，应防止相间或接地短路；应采用有效措施遮蔽有电部分，若无法采取遮蔽措施时，则将影响作业的有电设备停电。

第五十五条　登高作业

（一）凡在坠落高度基准面 2m 及以上的高处进行的作业，都应视作高处作业。

（二）凡参加高处作业的人员，应每年进行一次体检。

（三）单人进入营销现场，严禁进行登高或登杆操作。

（四）利用高空作业车、带电作业车、叉车、高处作业平台等进行高处作业，高处作业平台应处于稳定状态，作业人员应使用安全带。车辆移动时，作业平台上不准载人。

（五）梯子应坚固完整，有防滑措施。使用单梯工作时，梯与地面的斜角度约为 60°。人字梯应有限制开度的措施。梯子不宜绑接使用。人在梯子上时，禁止移动梯子。

附件1：第一种工作票

配 电 第 一 种 工 作 票

单位_____ 编号_____

1. 工作负责人 _____ 班组_____

2. 工作班成员（不包括工作负责人）_____

_____共___人。

3. 工作任务

工作地点或设备双重名称	工作内容

4. 计划工作时间：自___年___月___日___时___分

至___年___月___日___时___分

5. 安全措施（必要时可附页绘图说明）

5.1 调控或运维人员应采取的安全措施	已执行

5.2 工作班完成的安全措施	已执行

5.3 工作班装设（或拆除）的接地线

线路名称或设备双重名称和装设位置	接地线编号	装设时间	拆除时间

5.4 配合停电线路应采取的安全措施	已执行

5.5　保留或邻近的带电线路、设备

_____
_____

5.6　其他安全措施和注意事项

_____

工作票签发人（供电公司）签名＿＿＿＿　＿＿年＿＿月＿＿日＿＿时＿＿分

工作票签发人（客户）签名（必要时）＿＿＿＿＿＿＿　＿＿年＿＿月＿＿日＿＿时＿＿分

工作负责人签名＿＿＿＿＿　＿＿年＿＿月＿＿日＿＿时＿＿分

5.7　其他安全措施和注意事项补充（由工作负责人或工作许可人填写）

_____
_____

6. 工作许可

许可单位	许可的线路或设备	许可方式	工作许可人签名	工作负责人签名	许可工作的时间
供电公司					年　月　日　时　分
客户（必要时）					年　月　日　时　分
					年　月　日　时　分
					年　月　日　时　分

7. 工作任务单登记

工作任务单编号	工作任务	小组负责人	工作许可时间	工作结束报告时间

8. 现场交底，工作班成员确认工作负责人布置的工作任务、人员分工、安全措施和注意事项并签名：

_____
_____

9. 人员变更

9.1　工作负责人变动情况：原工作负责人＿＿＿＿＿＿＿＿＿离去，变更＿＿＿＿＿＿＿＿＿为工作负责人。

工作票签发人（供电公司）签名＿＿＿＿＿　＿＿年＿＿月＿＿日＿＿时＿＿分

工作票签发人（客户）签名（必要时）＿＿＿＿＿＿＿　＿＿年＿＿月＿＿日＿＿时＿＿分

原工作负责人签名确认＿＿＿＿＿＿　　新工作负责人签名确认＿＿＿＿＿＿＿

＿＿年＿＿月＿＿日＿＿时＿＿分

9.2　工作人员变动情况

新增人员	姓名				
	变更时间				
离开人员	姓名				
	变更时间				

工作负责人签名＿＿＿＿＿＿＿

10. 工作票延期：有效期延长到 ____年____月____日____时____分

    工作负责人签名_____ ____年____月____日____时____分

    工作许可人（供电公司）签名_____ ____年____月____日____时____分

    工作许可人（客户）签名（必要时）_____ ____年____月____日____时____分

11. 每日开工和收工记录（使用一天的工作票不必填写）

收工时间	工作负责人	工作许可人	开工时间	工作许可人	工作负责人

12. 工作终结

12.1 工作班现场所装设接地线共____组、个人保安线共____组已全部拆除，工作班人员已全部撤离现场，材料工具已清理完毕，杆塔、设备上已无遗留物。

12.2 工作终结报告

许可单位	终结的线路或设备	报告方式	工作负责人签名	工作许可人签名	终结报告时间
供电公司					年 月 日 时 分
客户（必要时）					年 月 日 时 分
					年 月 日 时 分
					年 月 日 时 分

13. 备注

13.1 指定专责监护人_____负责监护_____

_____（地点及具体工作）

13.2 其他事项

_____

_____

附件 2：第二种工作票

配 电 第 二 种 工 作 票

单位＿＿＿＿＿＿＿＿＿＿＿＿＿＿＿＿＿＿＿＿＿＿＿＿＿＿　编号＿＿＿＿＿＿

1. 工作负责人＿＿＿＿＿＿　　　　　　　　　　　　　　　班组＿＿＿＿＿＿

2. 工作班成员（不包括工作负责人）＿＿＿＿＿＿＿＿＿＿＿＿＿＿＿＿＿＿＿
＿＿＿＿＿＿＿＿＿＿＿＿＿＿＿＿＿＿＿＿＿＿＿＿＿＿＿＿共＿＿人。

3. 工作任务

工作地点或设备双重名称	工作内容

4. 计划工作时间：自＿＿＿年＿＿＿月＿＿＿日＿＿＿时＿＿＿分
　　　　　　　　至＿＿＿年＿＿＿月＿＿＿日＿＿＿时＿＿＿分

5. 工作条件和安全措施（必要时可附页绘图说明）

＿＿＿＿＿＿＿＿＿＿＿＿＿＿＿＿＿＿＿＿＿＿＿＿＿＿＿＿＿＿＿＿＿＿＿＿
＿＿＿＿＿＿＿＿＿＿＿＿＿＿＿＿＿＿＿＿＿＿＿＿＿＿＿＿＿＿＿＿＿＿＿＿
＿＿＿＿＿＿＿＿＿＿＿＿＿＿＿＿＿＿＿＿＿＿＿＿＿＿＿＿＿＿＿＿＿＿＿＿

工作票签发人（供电公司）签名＿＿＿＿＿　＿＿＿年＿＿＿月＿＿＿日＿＿＿时＿＿＿分

工作票签发人（客户）签名（必要时）＿＿＿＿＿＿＿　＿＿＿年＿＿＿月＿＿＿日＿＿＿时＿＿＿分

工作负责人签名＿＿＿＿＿　＿＿＿年＿＿＿月＿＿＿日＿＿＿时＿＿＿分

6. 现场补充的安全措施

＿＿＿＿＿＿＿＿＿＿＿＿＿＿＿＿＿＿＿＿＿＿＿＿＿＿＿＿＿＿＿＿＿＿＿＿
＿＿＿＿＿＿＿＿＿＿＿＿＿＿＿＿＿＿＿＿＿＿＿＿＿＿＿＿＿＿＿＿＿＿＿＿

7. 工作许可

许可单位	许可的线路、设备	许可方式	工作许可人签名	工作负责人签名	许可工作（或开工）时间
供电公司					年　月　日　时　分
客户（必要时）					年　月　日　时　分

8. 现场交底，工作班成员确认工作负责人布置的工作任务、人员分工、安全措施和注意事项并签名：

＿＿＿＿＿＿＿＿＿＿＿＿＿＿＿＿＿＿＿＿＿＿＿＿＿＿＿＿＿＿＿＿＿＿＿＿

工作开始时间＿＿＿年＿＿＿月＿＿＿日＿＿＿时＿＿＿分

工作负责人签名＿＿＿＿＿＿＿＿＿＿＿＿＿＿＿

9. 工作票延期：有效期延长到＿＿＿年＿＿＿月＿＿＿日＿＿＿时＿＿＿分。

工作负责人签名＿＿＿＿＿　＿＿＿年＿＿＿月＿＿＿日＿＿＿时＿＿＿分

工作许可人（供电公司）签名＿＿＿＿＿　＿＿＿年＿＿＿月＿＿＿日＿＿＿时＿＿＿分

工作许可人（客户）签名（必要时）＿＿＿＿＿＿＿　＿＿＿年＿＿＿月＿＿＿日＿＿＿时＿＿＿分

10. 工作完工时间＿＿＿年＿＿＿月＿＿＿日＿＿＿时＿＿＿分

工作负责人签名_____

11. 工作终结

11.1 工作班人员已全部撤离现场，材料工具已清理完毕，杆塔、设备上已无遗留物。

11.2 工作终结报告

许可单位	终结的线路或设备	报告方式	工作负责人签名	工作许可人签名	终结报告（或结束）时间
供电公司					年　月　日　时　分
客户（必要时）					年　月　日　时　分

12. 备注

12.1 指定专责监护人_____负责监护_____

_____（地点及具体工作）

12.2 其他事项

_____

_____

附件 3：低压工作票

低 压 工 作 票

单位_____　　　　编号_____

1. 工作负责人_____　　　　　　　　　　　　　　　　　　班组_____

2. 工作班成员（不包括工作负责人）_____
_____共____人。

3. 工作的线路名称或设备双重名称（多回路应注明双重称号及方位）、工作任务_____
_____

4. 计划工作时间：自____年____月____日____时____分至____年____月____日____时____分

5. 安全措施（必要时可附页绘图说明）

5.1　工作的条件和应采取的安全措施（停电、接地、隔离和装设的安全遮栏、围栏、标示牌等）
_____
_____

5.2　保留的带电部位
_____
_____

5.3　其他安全措施和注意事项
_____
_____

工作票签发人（供电公司）签名_____　　____年____月____日____时____分

工作票签发人（客户）签名（必要时）_____　　____年____月____日____时____分

工作负责人签名_____　　　　　　　　　　____年____月____日____时____分

6. 工作许可

6.1　现场补充的安全措施
_____

6.2　确认本工作票安全措施正确完备，许可工作开始

许可方式____许可工作时间____年____月____日____时____分

工作许可人签名_____　　　　　　　　　工作负责人签名_____

7. 现场交底，工作班成员确认工作负责人布置的工作任务、人员分工、安全措施和注意事项并签名：
_____
_____

8. 工作票终结

工作班现场所装设接地线共__组、个人保安线共__组已全部拆除，工作班人员已全部撤离现场，工具、材料已清理完毕，杆塔、设备上已无遗留物。

工作负责人签名_____　　　　　　工作许可人签名_____

工作终结时间____年____月____日____时____分

9. 备注
_____
_____

附件 4：业扩报装现场作业安全控制卡

客户业扩报装现场作业安全控制卡

单位：   编号：

客户信息				
客户名称	地址	联系人	电话	业务类型

工作负责人	班组
	工作负责人联系电话

工作班成员	共 人

工作地点

工作内容

计划工作时间	自___年___月___日___时___分至___年___月___日___时___分

序号	工作现场风险点分析	逐项落实"有/无"
1	现场通道照明不足，基建工地有高空落物，碰伤、扎伤、摔伤等风险	
2	现场孔洞未封堵、电缆沟缺少盖板，有摔伤危险，登高作业有高空坠落风险	
3	高压安全距离不够，安全措施不到位，有触电和电弧烧伤危险	
4	存在临时供电源未断开，有触电和电弧烧伤危险	
5	工作现场清理不到位、临时措施未解除，未达到投运标准	
6	现场安装设备与审核合格的设计图纸不符，私自改变接线方式或运行方式	
7	遮栏、标示牌未设置到位，存在带电设备未有效隔离、误碰带电设备触电和误入客户生产危险区域风险	
8	客户有可能存在先接电，后验收的情况，有触电风险	
9	双电源及自备应急电源与电网电源之间切换装置不可靠	
10	现场安全工器具是否合格	
补充事项	设备金属外壳接地不良有触电危险	
	使用测量器具不规范有弧光短路和触电危险。使用不合格工器具有触电危险	
序号	注意事项及安全措施	逐项落实并打"√"
1	进入带电工作现场，要至少两人进行，身体和精神状态良好	

续表

序号	工作现场风险点分析	逐项落实"有/无"
2	进入作业现场应正确佩戴安全帽,现场作业人员还应穿全棉长袖工作服、绝缘鞋。使用绝缘工具,接触设备金属外壳前首先进行验电	
3	召开开工会,明确工作任务和人员职责分工,进行危险点及安全技术措施交底,现场检查安全措施是否到位,确保现场工作人员做到"五清楚"	
4	送电操作前检查缺陷是否已经整改,电气设备符合国家政策法规,试验项目齐全、结论合格,认真核对电气设备双重编号和设备状态,计量装置配置和接线符合计量规程要求	
5	接触设备的工作,要先停电,验电,装设接地线	
6	供电单位工作人员不得擅自操作客户电气设备	
补充事项		

工作签发人签名(供电公司)

工作签发人签名(客户)

工作负责人签名

工作许可人签名(供电公司)

工作许可人签名(客户)

工作任务和现场安全措施已确认,工作班成员签名

开工时间:___年___月___日___时___分

收工时间:___年___月___日___时___分

工作班现场所装设接地线共___组、个人保安线共___组已全部拆除。
全部工作已于___年___月___日___时___分结束,工作班人员已全部撤离现场,材料、工具已清理完毕,杆塔、设备上已无遗留物,工作结束

工作负责人	工作许可人

注:本票必须按以下程序执行:工作负责人办票→班组长、专工或分管负责人工作签发→客户签发→客户履行现场安全措施→客户许可→工作人员现场检查安全措施→供电公司人员许可→开工→工作结束→存档备案。

已列出的工作现场风险点分析属通用模板,仅供参考,需要现场作业人员结合现场实际认真分析、列出现场实际存在的风险点,并对照填写注意事项及安全措施。

附件5：客户用电检查现场作业安全控制卡

客户用电检查现场作业安全控制卡

单位：　　　　　　　　　　　　　　　　　　　　　　　　　编号：

客户信息				
客户名称	地址	联系人	电话	业务类型

工作负责人	班组
	工作负责人联系电话

工作班成员	共　　人

工作地点

工作内容

计划工作时间　　自___年___月___日___时___分至___年___月___日___时___分

序号	工作现场风险点分析	逐项落实"有/无"
1	设备金属外壳接地不良有触电危险	
2	使用不合格工器具有触电危险	
3	与客户运行设备安全距离不够，有触电和电弧烧伤危险	
4	地面沟、坑、孔洞等有摔伤的危险	
5	照明不足，有误碰设备，误入间隔的危险	
6	登高检查有坠落风险	
补充事项		

序号	注意事项及安全措施	逐项落实并打"√"
1	进入工作现场检查，不得少于两人	
2	进入作业现场应正确佩戴安全帽，现场作业人员还应穿全棉长袖工作服、绝缘鞋。使用绝缘工具，接触设备金属外壳前首先进行验电	
3	夜间进行检查，要有足够的照明	
4	现场检查时，作业人员要精力集中，注意地面沟、坑、孔洞等，防止摔伤	
5	登高检查要有人监护，搬动梯子要放倒两人搬动，梯子与地面倾斜角度不得大于60°。登高人员要使用安全带	
6	10kV及以下设备安全距离0.7m、35kV设备安全距离1m、110kV设备安全距离1.5m、220kV设备安全距离3m	

序号	注意事项及安全措施	逐项落实并打"√"
7	召开开班会，交代现场安全风险点及安全措施	
补充事项		

工作签发人签名（供电公司）	
工作签发人签名（客户）	
工作负责人签名	
工作许可人签名（供电公司）	
工作许可人签名（客户）	
工作任务和现场安全措施已确认，工作班成员签名	

开工时间：___年___月___日___时___分

收工时间：___年___月___日___时___分

工作班现场所装设接地线共___组、个人保安线共___组已全部拆除。

全部工作已于___年___月___日___时___分结束，工作班人员已全部撤离现场，材料、工具已清理完毕，杆塔、设备上已无遗留物，工作结束

工作负责人	工作许可人

注：本票必须按以下程序执行：工作负责人办票→供电公司人员工作签发→客户签发→客户履行现场安全措施→客户许可→工作人员现场检查安全措施→供电公司人员许可→开工→工作结束→存档备案。

附件6：客户分布式电源现场作业安全控制卡

客户分布式电源现场作业安全控制卡

单位：   编号：

客户信息				
客户名称	地址	联系人	电话	业务类型

工作负责人	班组
	工作负责人联系电话

工作班成员	共　人

工作地点	

工作内容	

计划工作时间	自___年___月___日___时___分至___年___月___日___时___分

序号	工作现场风险点分析	逐项落实"有/无"
1	现场通道照明不足，基建工地有高空落物、碰伤、扎伤、摔伤等风险	
2	现场孔洞未封堵、电缆沟缺少盖板，有摔伤危险，登高作业有高空坠落风险	
3	高压安全距离不够，安全措施不到位，有触电和电弧烧伤危险	
4	存在临时供电电源未断开，有触电和电弧烧伤危险	
5	工作现场清理不到位、临时措施未解除，未达到投运标准	
6	现场安装设备与审核合格的设计图纸不符，私自改变接线方式或运行方式	
7	遮栏、标示牌未设置到位，存在带电设备未有效隔离、误碰带电设备触电和误入客户生产危险区域风险	
8	客户有可能存在先接电，后验收的情况，有触电风险	
9	分布式光伏未验收即投入运行，存在带电验收风险	
10	项目并网点开断设备是否满足要求，是否存在组件安装不牢固脱落风险	
11	现场安全工器具是否合格	
补充事项	设备金属外壳接地不良有触电危险	
	使用测量器具不规范有弧光短路和触电危险。使用不合格工器具有触电危险	
序号	注意事项及安全措施	逐项落实并打"√"
1	进入带电工作现场，要至少两人进行，身体和精神状态良好	

序号	注意事项及安全措施	逐项落实并打"√"
2	进入作业现场应正确佩戴安全帽，现场作业人员还应穿全棉长袖工作服、绝缘鞋。使用绝缘工具，接触设备金属外壳前首先进行验电	
3	召开开工会，明确工作任务和人员职责分工，进行危险点及安全技术措施交底，现场检查安全措施是否到位，确保现场工作人员做到"五清楚"	
4	送电操作前检查缺陷是否已经整改，电气设备符合国家政策法规，试验项目齐全、结论合格，并网调试正常，认真核对电气设备双重编号和设备状态，计量装置配置和接线符合计量规程要求	
5	10（6）kV及以上接入项目并网点应安装易操作、可闭锁、具有明显断开点、可开断故障电流的开断设备，电网侧应能接地。380（220）V接入项目并网点应安装易操作、具有明显开断指示、具备开断故障电流能力开断设备	
6	接触设备的工作，要先停电，验电，装设接地线	
7	供电单位工作人员不得擅自操作客户电气设备	
补充事项		

工作签发人签名（供电公司）	
工作签发人签名（客户）	
工作负责人签名	
工作许可人签名（供电公司）	
工作许可人签名（客户）	
工作任务和现场安全措施已确认，工作班成员签名	

开工时间：___年___月___日___时___分

收工时间：___年___月___日___时___分

工作班现场所装设接地线共__组、个人保安线共___组已全部拆除。
全部工作已于___年___月___日___时___分结束，工作班人员已全部撤离现场，材料、工具已清理完毕，杆塔、设备上已无遗留物，工作结束

工作负责人	工作许可人

注：本票必须按以下程序执行：工作负责人办票→班组长、专工或分管负责人工作签发→客户签发→客户履行现场安全措施→客户许可→工作人员现场检查安全措施→供电公司人员许可→开工→工作结束→存档备案。

　　已列出的工作现场风险点分析属通用模板，仅供参考，需要现场作业人员结合现场实际认真分析、列出现场实际存在的风险点，并对照填写注意事项及安全措施。

附件 7：充电设备检修（试验）现场工作安全控制卡

充电设备检修（试验）现场工作安全控制卡

单位：   编号：

充电站名称	
本次工作充电桩的资产编号	

本次工作类型（检修、巡视、维护、试验、改造、升级、其他）		
工作负责人	班组	
	工作负责人联系电话	
工作班成员	共 人	
工作地点		
工作内容		
计划工作时间	自___年___月___日___时___分至___年___月___日___时___分	

序号	工作现场风险点分析	逐项落实"有/无"
1	设备金属外壳接地不良有触电危险	
2	误入运行设备区域、客户生产危险区域。高压安全距离不够，有触电和电弧烧伤危险	
3	查看带电设备时，安全措施不到位，安全距离无法保证	
4	现场通道照明不足，基建工地易发生高空落物，碰伤、扎伤、摔伤等意外	
5	现场孔洞未封堵、电缆沟缺少盖板，有摔伤危险	
6	使用不合格工器具有触电危险。使用测量器具不规范有弧光短路和触电危险	
7	设备有可能存在先接电，后验收的情况，有触电风险	
8	登高作业有高空坠落风险	
补充事项		
序号	注意事项及安全措施	逐项落实并打"√"
1	进入工作现场，要至少两人进行	

续表

序号	注意事项及安全措施	逐项落实并打"√"
2	进入作业现场应正确佩戴安全帽,现场作业人员还应穿全棉长袖工作服、绝缘鞋。使用绝缘工具,接触设备金属外壳前首先进行验电	
3	接触设备的工作,要先停电,验电,装设接地线	
4	现场有孔洞的,要事先装设围栏	
5	登高作业要有人监护,搬动梯子要放倒两人搬动,梯子与地面倾斜角度不得大于60°。登高人员要使用安全带	
6	检查工作人员精神状态是否良好,确保符合现场工作要求	
7	召开开工会,进行危险点及安全技术措施交底,确保现场工作人员做到"五清楚"	
补充事项		

工作签发人签名(供电公司)	
工作签发人签名(客户)	
工作负责人签名	
工作许可人签名(供电公司)	
工作许可人签名(客户)	
工作任务和现场安全措施已确认,工作班成员签名	

开工时间:____年____月____日____时____分

收工时间:____年____月____日____时____分

全部工作已于____年__月__日__时__分结束,工作班人员已全部撤离现场,材料、工具已清理完毕,杆塔、设备上已无遗留物,工作结束

工作负责人	工作许可人

注:本卡必须按以下程序执行:工作负责人办票→供电公司人员工作签发→工作人员现场检查安全措施→供电公司人员许可→开工→工作结束→存档备案。